中等职业技术学校农林牧渔类

通用课教材

农村文明与礼仪常识

人力资源和社会保障部教材办公室 组织编写

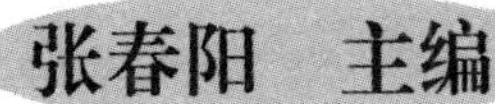

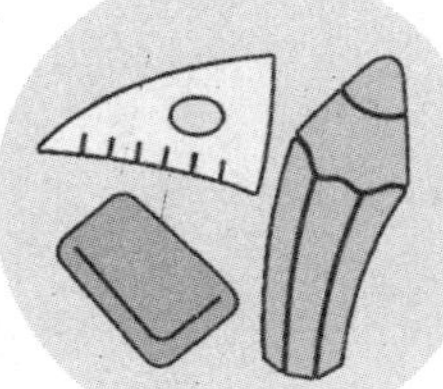

中国劳动社会保障出版社

图书在版编目(CIP)数据

农村文明与礼仪常识/张春阳主编. —北京：中国劳动社会保障出版社，2013
中等职业技术学校农林牧渔类——通用课教材
ISBN 978-7-5167-0136-2

Ⅰ.①农…　Ⅱ.①张…　Ⅲ.①礼仪-中等专业学校-教材　Ⅳ.①K891.26

中国版本图书馆 CIP 数据核字(2013)第 029034 号

中国劳动社会保障出版社出版发行
（北京市惠新东街1号　邮政编码：100029）
出版人：张梦欣

*

北京世知印务有限公司印刷装订　　新华书店经销
787 毫米×1092 毫米　16 开本　7.25 印张　150 千字
2013 年 2 月第 1 版　　2013 年 11 月第 2 次印刷
定价：14.00 元

读者服务部电话：（010）64929211/64921644/84643933
发行部电话：（010）64961894
出版社网址：http://www.class.com.cn

前　言

为深入贯彻落实《国家中长期人才发展和规划纲要（2010—2020 年）》和《国家中长期教育改革和发展规划纲要（2010—2020 年）》精神，适应建设社会主义新农村、加快发展现代农业的需要，加大培养适应农业和农村发展需要的专业人才力度，人力资源和社会保障部教材办公室组织了一批教学经验丰富、实践能力强的教师与行业专家，在充分调研、讨论专业设置和课程教学方案的基础上，编写了农林牧渔类相关专业系列教材，共涉及种植、养殖、农机使用与维修、农村经济管理、农村能源开发与利用等专业，将于 2011—2012 年陆续出版。

本套教材具有以下特点：

第一，以满足农业生产为主导方向，以培养学生实践能力为基本原则，在合理确定学生应具备的能力结构与知识结构基础上，对教材内容的深度、广度进行了科学设计，并突出了实践性教学内容。

第二，根据农村经济和农业技术发展的趋势，尽可能多地在教材中充实新理念、新知识、新方法和新设备等方面的内容，力求使教材具有鲜明的时代特征，满足新农村建设的需要。

第三，在教材的表现形式上，尽可能多地采用图片、实物照片或表格等将知识点、技能点生动地展示出来，力求给学生创造一个更加直观的认知环境。

本套教材的编写得到了黑龙江省人力资源和社会保障厅以及黑龙江技师学院、哈尔滨技师学院、佳木斯技师学院、哈尔滨劳动技师学院、中国一重技师学院、黑龙江机械制造高级技工学校哈尔滨分校、五大连池高级技工学校、黑龙江农业职业技术学院、黑龙江农业工程职业技术学院等一批技工院校和职业院校的大力支持，教材编审人员做了大量的工作，在此，我们表示衷心的感谢！同时，恳切希望广大读者对教材提出宝贵的意见和建议。

人力资源和社会保障部教材办公室

2011 年 7 月

本书编审人员

主　编　张春阳
副主编　牛春梅　缪劲松
参　编　路　琳　陶勇海　谷珊珊
主　审　曹　铁

简　介

本书为中等职业技术学校农林牧渔类通用课国家级职业教育规划教材。

本书介绍了日常生活与工作中常用的礼仪常识，集知识性、实用性、通俗性与可操作性于一体，努力贴近实际，贴近生活。主要内容包括个人形象礼仪、日常交往礼仪、语言规范与技巧、公共生活文明常识、家庭生活文明常识等。

本书由张春阳担任主编，牛春梅、缪劲松担任副主编，路琳、陶勇海、谷珊珊参与编写。具体编写分工如下：第一章由牛春梅、缪劲松编写，第二章至第四章由张春阳编写，第五章由路琳、陶勇海、谷珊珊编写。本书由曹铁主审。

目　录

第一章　个人形象礼仪……（1）

第一节　仪容……（1）

第二节　服饰……（13）

第三节　仪态……（22）

第二章　日常交往礼仪……（33）

第一节　会面……（33）

第二节　宴请与赴宴……（39）

第三节　馈赠……（44）

第四节　待客与做客……（50）

第三章　语言规范与技巧……（53）

第一节　称呼……（53）

第二节　交谈……（56）

第三节　电话……（70）

第四章　公共生活文明常识……（76）

第一节　公共场所……（76）

第二节　公共交通……（88）

第五章　家庭生活文明常识……（100）

第一节　家庭成员相处……（100）

第二节　邻里相处……（106）

第一章　个人形象礼仪

本章导读

无论是与陌生人还是与熟人交往，个人形象都是能否给人以良好印象的重要因素。本章介绍了个人形象礼仪的一般常识，通过对这些常识的学习，可以提高对个人形象礼仪在社会交往中重要性的认识，进而树立被交往对象认可，让社会承认、受大家欢迎的个人形象。

第一节　仪　　容

学习目标

◆掌握仪容清洁的基本方法。

◆掌握基本的化妆方法和技巧。

◆了解美发的基本标准，掌握头发造型的方法。

仪容，通常是指人的外观、外貌。在人际交往中，每个人的仪容都会引起交往对象的特别关注，并将影响到对方对自己的整体评价。在个人礼仪之中，保持较好的仪容是重中之重。

一、仪容的清洁

清洁是仪容礼仪的首选要素，是个人礼仪最基本的要求，也是当今社会与人交往、取得成功的必要条件。

1. 面部清洁

清洁面部可以去除新陈代谢产生的老化物质、空气中落在面部的污物及卸妆等残留物，同时也可以清洁肌肤。清洁面部肌肤应注意以下事项：

（1）正确使用洗面乳

先将洗面乳放在手上揉搓起泡，泡沫越细越不会刺激肌肤，泡沫需揉搓至奶油般细腻才算合格，要让无数泡沫在肌肤上移动以吸取污垢，而不是用手去搓揉。清洁时手指不要过分用力，轻轻地由内朝外画圆圈滑动清洗。如图 1—1 所示。

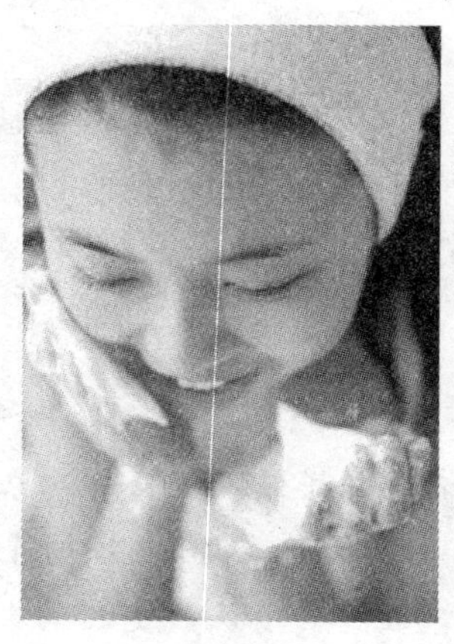
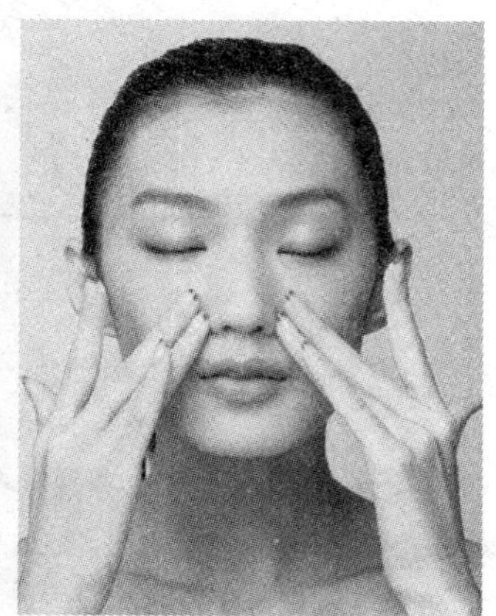

图 1—1　正确使用洗面乳

（2）掌握洁肤的顺序和方法

洁肤一般是从皮脂分泌较多的 T 字区开始清洗，额头中心部皮脂特别发达，要仔细清洗。应用指尖轻柔、仔细地清洗皮脂腺分泌旺盛的鼻翼及鼻梁两侧（这一部分洗不干净将导致脱妆及肌肤出现油光）。鼻子下方容易长青春痘，必须仔细洗净多余的皮脂。用无名指轻轻画轮廓，既不会刺激肌肤又可完全去除污垢。

知识链接——T 区

T 区指的是额头和鼻子，包括鼻翼两侧，该部位容易出油（特别是额头和鼻子两翼），而且形状很像大写的 T，所以叫 T 区。

嘴部四周也要重点清洗。这是面部活动最多，最容易“污染”的部位。脸部是否洗净，重点在于有没有注意清洗细小的部位，如下巴容易长青春痘及粉刺，而人们在洗脸时，却往往容易忽略，所以在清洁面部时要特别留意。

对面积较大的脸颊部位也需要特别仔细的关照。清洗面颊的诀窍是，不要用指尖，而是用指肚接触皮肤，使指肚仅有的面积充分接触脸颊的皮肤，以起到按摩清洁的作用，洗脸的重要技巧在于不能太用力，以免给肌肤带来不必要的负担。

洗洁时不仅要洗到脖子部位，对下巴底部、耳下等也要仔细洗净，不要让这些部位成为被遗忘的角落。

（3）正确冲洗与擦拭

冲洗时要用流水（水龙头不关）充分地去除泡沫，冲洗次数要适度。在较冷的季节，则需使用温水，以免毛孔紧闭而影响了洗洁效果。

洗脸后用毛巾擦拭脸上的水时，不可用力揉搓，以免伤害肌肤。正确使用毛巾的方法是将毛巾轻贴在脸颊上，让毛巾自然吸干水分。

2. 口腔清洁

保持牙齿清洁，要做到以下几点：

（1）坚持早晚刷牙

常规的牙齿保洁应做到“三个三”，即三顿饭后都要刷牙；每次刷牙的时间不少于三分钟；每次刷牙的时间应在饭后三分钟内。

（2）保持牙齿洁白

尽量不养成吸烟、喝浓茶的习惯，以免牙齿变黄变黑。若牙齿出现变黄变黑的情况，可选择到医院洗牙。

（3）避免口腔异味

口腔异味会影响交际。要保持口气清新，每日早晨起床后，可空腹饮一杯淡盐水，平时多以淡茶漱口，不暴饮暴食，多吃清淡食物，忌油腻和辛辣，戒烟酒。工作之前不吃葱、蒜、韭菜等食物。若因各种原因口腔带有异味时，可用牛奶、口香糖和话梅减少口腔异味。

知识链接——引起口腔异味的主要原因

- 食物残渣长期积存在口腔内，在细菌的作用下发酵腐败分解，产生难闻的气味。
- 牙周疾病、龋齿造成异味。
- 患有消化道疾病，如缺乏胃动力、消化不好。
- 有些处于青春发育期的女性，卵巢功能不全、性激素水平较低时，口腔组织抵抗力下降，容易感染病菌而产生异味。
- 心理压力过大，消化不良，尤其是唾液分泌减少，导致口干者。
- 急性上火所引起。
- 饮食不当引起，如进食葱、蒜、韭菜等。

3. 鼻子清洁

在接待客人前，最好检查一下自己的鼻毛是否过长，以免有碍观瞻。如鼻毛过长应用小剪刀剪短，但不要去拔。应保持鼻腔的清洁，不要用手去抠鼻孔，尤其是在客人面前，这样既不文雅，又不卫生。

4. 手的清洁

在交际活动中，手占有重要的位置。接待客人时，我们通常以握手的礼节来表示对客人的欢迎，然后再伸出手递送名片等，因此客人总是先接触到我们的手，并由此形成第一印象。通过观察手，可以判断出一个人的修养与卫生习惯，甚至对生活的态度。因此，应经常清洗自己的双手，及时修剪指甲。并要注意以下几点：

一是指甲应修剪整齐，但不可当众修剪。

二是指甲不可过分修饰，尤其是公务人员不可涂有色的指甲油。

三是不可啃指甲，更不可当众咬手指头。

四是保持指甲的清洁，不可在他人面前抠藏在指甲缝里的污垢。

5. 身体清洁

讲究个人卫生，养成良好的卫生习惯，要求身体勿带异味。常常洗澡是必要的，尤其是参加一些正式活动之前一定要洗澡。如果有“狐臭”，应及时治疗，避免在日常交往中引起交往对象的反感。

6. 头发清洁

（1）洗发

头发是人们脸面之中的脸面，所以应当自觉地做好日常护理，不论有无交际活动，平日都要对自己的头发勤于梳洗。勤于梳洗头发，既有助于保养头发，又有助于消除异味。若是对头发懒于梳洗，弄得自己蓬头垢面，满头汗馊、油味或发屑随处可见，是很败坏个人形象的。

（2）理发

虽说一个人头发的长短应当悉听尊便，不便干预，但从社交礼仪和审美的角度看，它仍应受到若干因素的制约，不可以一味地只讲自由与个性，而不讲规范。在社会生活中，人们的职业不同、身份不同、工作环境不同，发型自然也应有所不同。一般在工作场合，发型应当传统、庄重、保守一些；而在社交场合，发型则可以个性、时尚、艺术一些。同时要注意定期理发。

（3）美发

美发不仅要美观大方，而且要自然，不宜雕琢痕迹过重，或是发型不合时宜。在通常情况下，美发的方法有四种形式：

1）烫发。即运用物理或化学手段，将头发做成适当形状的方法。决定烫发之前，先要看一下与本人发质、年龄、职业是否适合。

2）染发。发色不理想，或是头发变白，即可使用染发剂令其变色。

3）做发。即运用发乳、发胶、摩丝等美发用品，将头发塑造成一定形状，或对其进行护理。

4）假发。头发有先天缺陷或后天缺陷者，均可选戴假发。

（4）护发

要掌握头发护理的秘诀，拥有健康漂亮的头发，必须对头发性质（简称发质）有所了解。要分辨自身头发的性质并不难，头发的油脂分泌量是关键所在。不同类型发质的特点及护理要点，见表1—1。

表 1—1　　不同类型发质的护理

发质类型	发质特点	护理要点
干性发质	头发干枯、容易打结、松散，头皮干燥，油脂分泌不足或头发角质蛋白缺乏水分，容易有头皮屑	• 使用营养丰富的洗发水，无须天天洗发 • 经常做焗油保护 • 避免暴晒在阳光下，宜用有防晒成分的护发产品和保湿产品
中性发质	头发柔软顺滑有光泽，油脂分泌正常，每天脱发数量约 30 根，只有少量头皮屑	• 注意头皮保养，洗发时多进行头皮按摩，以保证血液循环良好，养分可输送到发梢 • 定期修剪，保持秀发营养充足
油性发质	头发油腻，洗发后第二天发根就会出现油垢，头皮屑如厚鳞片般积聚在发根，容易头痒	• 注意清洁头皮 • 不要用过热的水洗发，以免刺激油脂分泌 • 护发素只宜涂在发丝上，不要抹在头皮上 • 不要经常用发刷梳头，应以梳子代替发刷，并只梳理发丝

7. 胡须清洁

现代男性一般不留胡须，所以若不是老人或职业上的特殊需要，最好都不要蓄胡须。男士每日要把脸刮干净。但需要注意的是，不可以当众剃须。

二、仪容的美化

仪容美化也就是适度的化妆。化妆是一种修饰，可强化皮肤和五官的优点，掩饰瑕疵。一般来说，在生活和工作中，化妆主要是针对女性，男性一般应侧重仪容整洁。

1. 化妆的基础步骤

（1）滋润肌肤

在清洁完肌肤之后要做的是迅速补充水分，将化妆棉沾上化妆水后覆盖在脸部，并维持 2 分钟左右。接着选择保湿和补水效果好的乳液以拍打的手法滋润肌肤。

（2）上妆前的基础护理

在上底妆之前要做好基础护理，取具有滋润效果的美容乳液均匀地点在肌肤上。以打圈的方式轻轻按摩促进美容液的吸收。

在鼻头区域使用具有收缩和掩饰毛孔的膏体，能够防止花妆。在眼睛周围和鼻子两侧涂抹上具有亚光和遮盖瑕疵效果的膏体，能有效地掩饰粗大的毛孔。

（3）底妆

首先要选择适合自己皮肤颜色的粉底液，取适量于手心（大概是一枚硬币大小）。然后用大号的化妆刷将粉底液扫在脸部，在毛孔粗大的地方可以略厚一些。

细微的地方也不能忽略，如眼周围和鼻翼两侧等小地方，只有这样才能制造出完美肌肤的效果。最后用海绵轻轻按压脸部，吸收走多余的液体。

（4）定妆

定妆不能少的是散粉，要选择能够吸收多余皮脂，并能够长时间防止花妆效果的散粉。用大号的粉刷取散粉轻扫在脸颊上，T 字区域要特别注意。接着用粉扑轻轻按压脸颊，制造出有通透感的细致肌肤。最后对于眼角那些细微的部位可用手指涂抹定妆。

2. 不同脸型的化妆方式

脸部化妆一方面要突出面部五官最美的部分，并力求使其更加美丽，另一方面要掩盖或矫正缺陷或不足的部分。经过化妆品修饰的美有两种：一种是趋于自然的美，一种是艳丽的美。前者是通过恰当的淡妆来实现的，它给人以大方、悦目、清新的感觉，最适合在家或平时上班时使用；后者是通过浓妆来实现的，它给人以庄重高贵的印象，可出现在晚宴、演出等特殊的社交场合。无论是淡妆还是浓妆，都要利用各种技术，恰当使用化妆品，通过一定的艺术处理，才能达到美化形象的目的。不同脸型的特点及化妆要点，见表 1—2。

表 1—2　　不同脸型的化妆要点

脸型	图示	脸型的特点	化妆的技巧	化妆的重点
椭圆脸型		椭圆脸又称鸭蛋脸型、标准脸型。脸略长但丰满，下巴呈圆弧形。线条圆滑，给人以温柔、贤淑的感觉	化妆时宜注意保持其自然形状，突出其可爱之处，不必通过化妆去改变脸型	• 胭脂：应涂在颊部颧骨的最高处，再向上向外揉化开去 • 嘴唇：除嘴唇唇形有缺陷外，尽量按自然唇形涂抹 • 眉毛：可顺着眼睛的轮廓修成弧形，眉头应与内眼角齐，眉尾可稍长于外眼角
圆脸型		圆脸型予人可爱、玲珑之感	这种脸型是可爱的，要修改成理想的椭圆形并不困难	• 胭脂：从颧骨一直延伸到下颚部，必要时可利用暗色粉底做成阴影 • 嘴唇：可在上嘴唇涂成浅浅的弓形，不能涂成圆形的小嘴状，以免有圆上加圆之感 • 眉毛：可修成自然的弧形，可作少许弯曲，不可太平直或有棱角，也不可过于弯曲
三角脸型		额部较窄而两腮较阔，整个脸部呈上小下宽状	化妆时应将下部宽角“削”去，把脸型变为椭圆状	• 胭脂：由眼尾外方向涂抹，对于两腮可用较深的粉底来掩饰 • 嘴唇：唇角稍向上翘 • 眉毛：宜保持自然状态，不可太平直或太弯曲

续表

脸型	图示	脸型的特点	化妆的技巧	化妆的重点
倒三角脸型		又称瓜子脸，额部较宽大而两腮较窄小，呈上阔下窄状	化妆时，掌握的诀窍恰恰与三角脸相似，需要修饰部分则正好相反	•胭脂：应涂在颧骨最突出处，而后向上、向外揉开。如果下巴显得特别尖小的人，脸的下部便要用浅色的粉底，而过宽的前额宜用较深的粉底 •嘴唇：宜用稍亮些的唇膏以加强柔和感，唇形宜稍宽厚些 •眉毛：应顺着眼部轮廓修成自然的眉形，眉尾不可上翘，描时从眉心到眉尾宜由深渐浅
方脸型		双颊骨突出	化妆时，要设法加以掩蔽，增加柔和感	•胭脂：宜涂抹得与眼部平行，切忌涂在颧骨最突出处。可抹在颧骨稍下处并往外揉开。可用暗色粉底调在颧骨最宽处造成阴影，令其方正感减弱。下颚部宜用大面积的暗色调粉底造阴影，以改变面部轮廓 •嘴唇：可涂丰满一些，强调柔和感 •眉毛：应稍阔而弯曲，不宜有角

知识链接——皮肤保养的常识

•保持乐观情绪。人在笑的时候，脸部的肌肉舒展活动，使面部皮肤新陈代谢加快，促进血液循环，增强皮肤弹性，可起到美容作用。

•保证充足睡眠。养成良好睡眠习惯，不熬夜。睡眠状态下，人体所有器官能够自动休整，细胞加速更新，皮肤可以获得更多的氧。有了充足的睡眠时间，才能精神振作，容光焕发。

•养成饮水习惯。皮肤的弹性和光泽，主要取决于它的含水量。如果皮肤的含水量低，就会干燥、粗糙、无光泽，甚至出现皱纹。因此每天起码应保证喝水 2 000 毫升。晚上睡觉前和早上起床后都要喝一杯凉开水，滋润皮肤。

•注意合理饮食。人体需要的各种养分来自各种食物，因此不能挑食。有了各种养分，皮肤才有自然健康的美。

三、头发的造型

发型，即头发的整体造型，在理发与修饰头发时，都不容回避。选择发型，除可适当兼顾个人偏好外，最重要的是考虑个人条件及所处场合。个人条件包括发质、脸形、身高、胖瘦、年纪、着装、佩饰、性格等。在个人条件里，脸形对发型的选择影响最大，因此在选择发型时，一定要遵守应己原则，使二者相互适应。

1. 头发造型原则

（1）美观大方

发型要美观大方，应根据自己的体型、脸型设计一个相适合的发型，不要搞太多花样。一般来说，身材苗条的姑娘，宜选择较长的发型，如果发型过短，就更显瘦长；体型矮胖的人，则以较短的发型为佳。

（2）适合个人性格

发型不仅必须要适应个人的形体特征，同时也要考虑年龄和性格。内向性格的人，发型要稳重或稍长一些；外向性格的人可以选择短小的学生式或运动员式的发型。少女选择发型较为自由，但不宜梳理复杂发型，以便突出青春自然之美；青年妇女忌过分时尚，以维护纯情姿态；中年妇女不宜留长发，以强调丽质端庄；颈部短的人，最好留短发或把头发梳成向上的发型；颈部缺陷明显者，可留长发遮盖。

（3）适合职业要求

服务员的发型要短而利落，教师、“白领”要使发型庄重、大方，如果发型过于蓬松就不适于俯身工作。作为一名中学生，发式要活泼大方，以显出青年人的朝气与活力，若幼儿园的小朋友个个都烫成卷发，他们的脸上就难以看到应有的纯真；若一位男士梳起长辫或披发过肩，则会令人难辨男女，引起不必要的麻烦。

（4）自然得体

美发通常包括护发、烫发、染发和佩戴假发、发饰、帽子等。不论采用哪种方法，都要注意美观大方，自然得体。如果一位秀发如云的少女，一定要追赶时髦，染成“黄毛丫头”，往往会丧失其青春活泼之姿，“染”出俗气。

知识链接——美发的标准

• 左右相称。一般指以鼻为中心，鬓角、日月角、耳后侧的头发左右对称，头发的长短、薄厚、多少、曲直相同或者相当。

• 长短相形。长短一般指以眼为水平线，额前（刘海）、两鬓角、身后侧、颈背处头发的剪削长度；相形是指头发取舍长度同头形的长度、颈的长度，甚至人体的长度成适当的比例。

• 前后相随。前后相随是指自前额起至颈背部的头发层次或块面组合不脱节，即不出现明显的分界，保持自然趋势。

• 宾主相应。即构成发型的“主花”和陪衬纹样的关系，构成发型的主型、脸型、体型的关系要相当，做到发式主体要突出，宾主配合得当。

• 大小相成。即要求发式轮廓大小要与头型、脸型的大小与肩膀的宽窄比例适当。

2. 不同脸型的头发造型

（1）方脸型

方脸型，也就是额头、颧骨、下颌的宽度基本相同。方形脸要设法从视觉上拉长脸型。最好是剪成不对称式中长发，把头发多的一边往上往前吹风，形成大波浪以柔和脸的曲线。还有一种方法是剪两边对称的短发，把两边的发梢往前拉到腮帮，以遮盖方下巴，造成椭圆脸型的视觉效果。如图 1—2 所示。

（2）长方脸型

长方脸型的特点是脸长比脸宽的 1.5 倍还要长，脸颊轮廓长又直，具有较高的前额和长的下巴，呈现出特长的长方形的脸。长脸型应当着重于缩短脸长，增加脸宽的效果。女发以齐下巴长的中长发式为宜。两边发型应丰满蓬松，不要紧贴脸颊。如图 1—3 所示。

（3）圆脸型

圆脸型的特点是脸长度大约相等于脸宽度。圆脸和方脸一样，都是额头、颧骨、下颌的宽度基本相同，最大的区别就是圆脸型比较圆润丰满，不像方型脸那么方方正正。圆脸型最好选择头顶较高的发型，留一侧刘海，显得脸长一些。女短发则可以是不对称或是对称式，或者留一些头发在前侧吹成半遮半掩，头顶头发吹得高一些。如图 1—4 所示。

（4）三角脸型

三角脸型的特点是前额和颊骨比较狭窄，而下颌轮廓比较宽阔。对于这种脸型，应当增加头顶头发的高度和蓬松，留侧分刘海，以改变额头窄小的视觉。头发长度要超过下巴，避免短发型。如果烫一下更好，容易做出大波浪，使发梢柔软地附在脸腮。如图 1—5 所示。

图 1—2　方脸型适合发型

图 1—3　长方脸型适合发型

图 1—4　圆脸型适合发型

图 1—5　三角脸型适合发型

（5）菱形脸型

菱形脸型的特点是前额和下颌轮廓狭窄，颊骨比较高。对于这种脸型，设计发型要注意增加前额的宽度和饱满度，使整体造型呈椭圆形，以烫卷发最为美观，如果前额有几缕花丝轻垂，而后卷发与顶部发式相互呼应，菱形脸的缺陷就可以弥补。如图 1—6 所示。

（6）椭圆脸型的头发造型

椭圆脸型的特点是额头与颧骨几乎一样宽，同时又比下颌稍宽一点，脸宽约是脸长的三分之二。在美发专家眼中是最完美的脸型，长发短发皆适宜，可大胆地尝试任何发型。如图1—7所示。

图1—6　菱形脸型适合发型

图1—7　椭圆脸型适合发型

（7）心形脸型

心形脸型的特点是下颌轮廓比较狭窄，而前额和颊骨比较宽阔。对于这种脸型，应当着重于缩小额宽，并增加脸下部的宽度。具体来说，头发长度以中长或垂肩长发为宜，发型适合中分刘海或稍侧分刘海。发梢蓬松柔软的大波浪可以达到增宽下巴的视觉效果，更添几分魅力。如图1—8所示。

图1—8　心形脸型适合发型

3. 针对不同体型的发型选择

(1) 高瘦型

这种身材是相对比较理想的身材，但容易产生眉目不清的感觉，或是缺乏丰满感。在选择发型时，应尽量弥补这些不足。这种身材的人适合留长发，但是要适当增加些发型的装饰性。如梳卷曲的波浪式发型，对于高瘦身材会更有一定的协调作用，又如身材修长的女性如束长发，则显得亭亭玉立，倍增娇美。但高瘦身材者不宜盘高发髻，或将头发削剪得太短，以免给人一种更加瘦长的感觉。

(2) 高壮型

对于此类身材人的发型，在设计上应努力追求大方、健康、洒脱的美，减少大而粗的印象。一般留简单的短发为好，切忌花样复杂。烫发时，不应卷小卷，以免造成与高大身材的不协调。但对直长发、长波浪、束发、盘发、中短发式也可酌情运用，但切忌发型花样繁复。

(3) 矮小型

身材矮小，往往给人以小巧玲珑的印象，适宜留短发或盘发，并可以根据自己的喜爱，将发式做得精巧、别致些，追求优雅、秀丽的效果。不宜留长发或蓬松的发型，那样会使身材显得更矮。可利用盘发增加高度，而且还会因为露出脖子可以使身材显得高些，设计发型时更应强调丰满与魅力，从整体比例上，则应注意长度印象的建立，而且要在如何使头发秀气、精致上下工夫。

(4) 矮胖型

身材矮胖的人要尽可能弥补自身的缺点，适宜梳淡雅舒展、轻盈俏丽的复式发型。在发型的设计上要强调整体发势向上，将两侧束紧，使脖子亮出，使人产生视错觉，也可选用有层次的短发、前额翻翘式等发型，但不宜留长波浪、长直发。

4. 发型与着装的关系

着装除了要与人的身材脸型甚至气质相协调，而且还应与人的发型相协调，如穿旗袍就需要配以中国式大发髻，尤以大发髻中的海螺髻为佳，其造型含蓄，既具有古代佳人的美态，又有现代女性的风姿；或以盘龙髻，则行纹清新，块面均匀，线条优美，起伏得当，颇具古典风韵。若以长发披肩与旗袍相搭就会显得不协调。又如夹克衫配穿牛仔裤，则需配以超短蓬松轻盈的现代发型，或随其自然的长披肩发，以表现洒脱和自如，而穿连衣裙的发型应强调妩媚绰约的阴柔之美。

第二节 服 饰

学习目标

◆了解服饰协调的基本方法，掌握西装的规范穿法。

◆了解饰物的选择原则，知晓饰物的佩戴常识。

◆掌握男女着装艺术，通过着装树立个人良好礼仪形象。

服饰是一种文化，它可以反映一个民族的文化素养、精神面貌和物质文明发展程度。服饰又是一种语言，在一定程度上反映着一个人的社会地位、爱好、个性文化素养和审美品位，是一种特殊的“身份证”。

莎士比亚说：“服饰往往可以表现人格。”一个人穿戴什么样的服饰，直接关系到对其个人形象的评价。在不同的场合，相应穿着合适的服饰，既是对他人的尊重，也是对自己形象负责的表现。

一、服饰搭配原则

服饰的协调搭配是服装礼仪的一个重要内容，是展现美感和高雅所必须考虑的重要环节。它要求能彰显个人的气质，符合审美要求，因而其自身蕴含着一定的艺术特征。

1. 整洁原则

整洁原则指整齐干净的原则，这是服饰打扮最基本的原则。一个穿着整洁的人总能给人以积极向上的感觉，并且也表示出对交往对方的尊重和对社交活动的重视。整洁原则并不意味着时髦和高档，只要保持服饰的干净合体、全身整齐有致即可。

2. 个性原则

个性原则指社交场合树立个人形象的要求。不同的人由于年龄、性格、职业、文化素养等各方面的不同，自然就会形成各自不同的气质。我们在选择服装进行服饰打扮时，不仅要符合个人的气质，还要凸显出自己美好气质的一面，为此，必须深入了解自我，正确认识自我，选择适合自己的服饰，以便让服饰尽显自己的风采。要使打扮富有个性还要注意：首先不要盲目追赶时髦，因为最时髦的东西往往是最没有生命力的。其次要穿出自己的个性，不要盲目模仿他人。如看别人穿水桶裤好看，就马上跟风，而不考虑自己的综合因素。

3. 适当原则

服饰穿戴应注重自身条件。社交活动中的人们，都希望自身的服饰能给他人以美的享受，所以千方百计地追求服饰美。为了切实达到美化的目的，着装应和自身的肤色、形体、年龄相协调。服饰的穿戴应注重自己的身体条件，做到扬长避短。如此，才会增加魅力、焕发光彩。

4. 和谐原则

和谐原则是指协调得体原则。即选择服装时不仅要与自身体型相协调，还要与着装者的年龄、肤色相配。服饰本是一种艺术，能掩盖人们体形的某些不足。我们借助于服饰，往往能创造出一种美妙身材的错觉。不论是高矮胖瘦，年轻的还是年长的，只要根据自己的特点，用心地去选择适合自己的服饰，总能创造出服饰的神韵。

知识链接——服装色彩的配色方法

方法	原理	特点
同种色相配	即把同一色相、明度接近的色彩搭配起来。如深红与浅红、深绿与浅绿、深灰与浅灰等	易产生一种和谐自然的色彩美
邻近色相配	把色谱上相近的色彩搭配起来，如红与黄、橙与黄、蓝与绿等色的配合	易收到调和的效果
主色调相配	以一种主色调为基础色，再配上一两种或几种次要色	易使整个服饰的色彩主次分明、相得益彰，但应注意三色原则

二、男士着装礼仪

1. 男士西装着装规范

男士正装礼仪以穿着西装礼仪为主，如图1—9所示，应遵循以下相应的礼仪。

图1—9　西装

（1）合身得体

合身得体的西装应符合袖至手腕、衣至虎口、裤至脚面、领围以插入一指大小为宜，上衣的胸围、腰围以穿一套羊毛衣裤为宜。

（2）除去商标

在西装上衣左边袖子上的袖口处，通常会缝有一块商标。有时，那里还同时缝有一块纯羊毛标志。穿西装之前，一定要将它们先行拆除。

（3）熨烫平整

想让上身的西装看上去更美观大方，就要使其显得平整而挺括，线条笔直。要做到这点，就要在保持洁净的基础上，在每次正式穿着前，对其进行认真的熨烫。

（4）系好纽扣

在穿着西装时，纽扣的系法是很有讲究的。上衣、西装背心、裤子都有不同的系法。在三者之中，又以上衣纽扣的系法讲究最多。

知识链接——纽扣的系法

• 站立之时，特别是在大庭广众之前起身站立时，西装上衣的纽扣应当系上，以示郑重其事。就座之后，西装上衣的纽扣则要解开，以防其走样。唯独在内穿背心或羊毛衫，外穿单排扣上衣时，才可在站立时不系上衣的纽扣。

• 系单排两粒扣式的西装上衣纽扣时，讲究“扣上不扣下”，即只系上边那粒纽扣。系单排三粒扣式的西装上衣的纽扣时，正确的做法则有两种：要么只系中间那粒纽扣，要么系上面那两粒纽扣。而系双排扣的西装上衣的纽扣时，则可以系上的纽扣一律都要系上。

• 穿西装背心，不论是将其单独穿着，还是同西装上衣配套，都要认真地系上纽扣。在一般情况下，西装背心只能与单排扣西装上衣配套。它的纽扣数目有多有少，但大体可分作单排扣式与双排扣式两种。根据西装的着装惯例，单排扣式西装背心的最下面的那粒纽扣应当不系，而双排扣式西装背心的全部纽扣则必须统统系上。

• 在西裤的裤门上，有的是纽扣，有的则是拉锁。前者较为正统，后者则在使用上更加方便。不管穿何种西裤，都要将纽扣全部系上，或是将拉锁认真拉好。裤上的挂钩，亦应挂好。

（5）配好衬衫

与西装相配的衬衫领型多为方领，颜色为单一色，应与西装的颜色成对比，不宜选择同类色，否则体现不出衬衫与西装的层次感。衬衫的领口和衣袖要长出西服领口和袖口 1～2 厘米，以显示穿着层次。衬衫的下摆务必要塞进裤内，袖扣要扣上。

（6）穿好鞋袜

古人有“西装革履”之说，即西装应与皮鞋相配套，其他任何鞋子如布鞋、球鞋、旅游鞋、磨砂皮鞋、翻毛皮鞋等，都不宜与西装搭配。皮鞋的颜色宜选用深色和单色，在正规场合，以系带的黑色皮鞋为最佳。与西装配套的袜子颜色以深色和单色为宜，其中以黑色为最佳；质地上以尼龙袜为宜。

知识链接——领带的系法

方法	特点	图示
温莎结	是最正统的领带系法，打出的结成正三角形，饱满有力，适合搭配宽领衬衫，用于出席正式场合。切勿使用面料过厚的领带来打温莎结	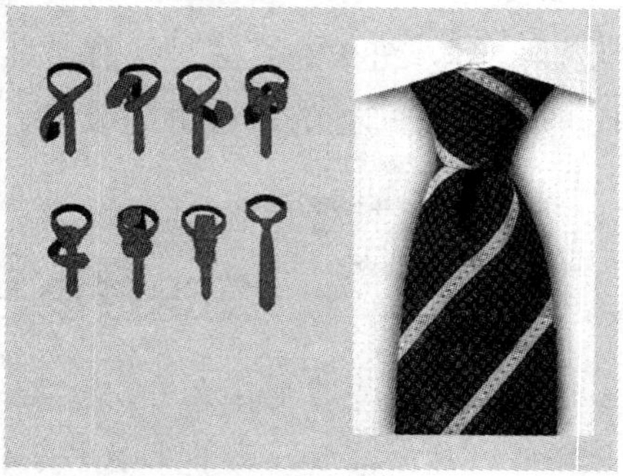
四手结	通过四个步骤就能完成打结，故名为“四手结”，它是最便捷的领带系法，适合宽度较窄的领带，搭配窄领衬衫，风格休闲，适用于普通场合	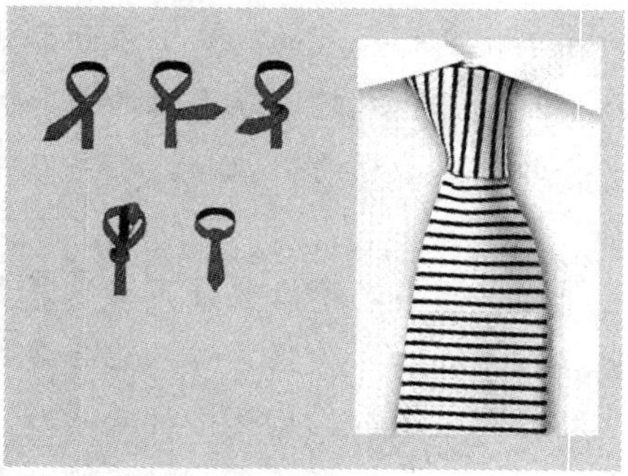
交叉结	交叉结的特点在于打出的结有一道分割线，适用于颜色素雅且质地较薄的领带，感觉非常时髦	

续表

方法	特点	图示
平结	与四手结的系法相似，非常方便，领结呈斜三角形，适合窄领衬衫	

2. 男士着装禁忌

一忌西裤过短（标准西裤长度为裤长盖住皮鞋）。

二忌衬衫放在西裤外。

三忌不扣衬衫扣子。

四忌西服袖子长于衬衫袖子。

五忌西服的衣袋、裤袋内鼓鼓囊囊。

六忌领带太短（一般长度应为领带尖盖住皮带扣）。

七忌西服上装两扣都扣上（双排扣西服则应都扣上）。

八忌西服配便鞋（休闲鞋、球鞋、旅游鞋、凉鞋等）。

九忌西装口袋东西过多，以致西装走形。

十忌将西装上衣的衣袖挽上去，以及随意卷起西裤的裤管。

三、女士着装礼仪

1. 套裙

套裙是一种职业装，如图 1—10 所示。在穿着套裙时，需要注意的主要问题有：

（1）穿着到位

在穿套裙时，上衣的领子要完全翻好，衣袋的盖子要拉出来盖住衣袋。不允许将上衣披在身上或者搭在身上，裙子要穿得端端正正，上下对齐。按照规矩，女士在正式场合穿套裙时，上衣的衣扣必须全部系上，不允许将其部分或全部解开，更不允许当着别人的面随便将上衣脱下。

图 1—10　套裙

(2) 考虑场合

女士在各种正式的交往中，一般以穿着套裙为好。在涉外活动中，则务必这样去做。女士在出席宴会、舞会、音乐会时，可酌情选择与此类场面相协调的礼服或时装。

(3) 兼顾举止

穿上套裙之后，女士站要站得又稳又正，不可以双腿叉开，站得东倒西歪，或是随时倚墙靠壁而立。就座以后，务必注意姿态，切勿双腿分开过大，或是跷起一条腿来，脚尖抖动不已，更不可以脚尖挑鞋摇晃，甚至当众脱下鞋来。在行走时或取放东西时，只宜以小碎步疾行，步子以轻、稳为佳。

2. 衬衫

与套裙配套穿着的衬衫，有相应的礼仪要求。

从面料上讲，主要要求轻薄而柔软，故此真丝、麻纱、府绸、罗布、涤棉等都可以用作其面料。从色彩上讲，它的要求则主要是雅致而端庄，并且不失女性的妩媚。除了白色之外，其他各式各样的色彩，包括流行色在内，只要不是过于鲜艳，并且与所穿套裙的色彩不相互排斥，均可用作衬衫的色彩。同时，应注意使衬衫的色彩与同时所穿的套裙的色彩相协调，要么外深内浅，要么外浅内深，形成两者之间的深浅对比。

需要注意的是：与套裙配套穿着的衬衫上，最好不要有图案，以单色为佳。穿衬衫时，衬衫的下摆必须掖入裙腰之内，不得任其悬垂于外，或是将其在腰间打结。衬衫的纽扣要系好，除最上端的一粒纽扣按惯例允许不系外，其他纽扣均不得随意解开。衬衫在公共场合不宜直接外穿，不可在外人面前脱下上衣，直接以衬衫面对对方。

3. 衬裙

衬裙，特指穿在裙子之内的裙子。穿套裙时，尤其是穿丝、棉、麻等薄型面料或浅色面料的套裙时，假如不穿衬裙，就很有可能使自己的内裤为外人所见，那样是很不雅观的。

衬裙的色彩宜为单色，如白色、肉色等，但必须使之与外面套裙的色彩相互协调。二者要么彼此一致，要么外深内浅。在一般情况下，衬裙上不宜出现任何图案。从款式方面来看，衬裙亦须与套裙相配套，应特别注意要线条简单、穿着合身、大小适度。它既不能长于外穿的套裙，也不能过于肥大，将外穿的套裙撑得变形。

穿衬裙时，衬裙的裙腰切不可高于套裙的裙腰，从而暴露在外。应将衬衫下摆掖入衬裙裙腰与套裙裙腰二者之间，切不可将其掖入衬裙裙腰之内。

4. 内衣

一套内衣往往由胸罩、内裤以及腹带、吊袜带、连体内衣等构成。它应当质地柔软，并起到支撑和烘托女性线条的作用。选择内衣最关键的是要使之大小适当，既不能过于宽大，也不能过于窄小。穿上内衣以后，不应当使内衣的轮廓在套裙之外展现出来。

5. 鞋袜

选择鞋袜时，应当首先注意其面料。女士所穿的与套裙配套的鞋子，以皮鞋为宜，并且以牛皮鞋为上品。同时所穿的袜子，则可以是尼龙丝袜或羊毛袜。与套裙配套的皮鞋，以黑色最为正统。此外，与套裙色彩一致的皮鞋亦可选择。但是鲜红、明黄、艳绿、浅紫的鞋子，则最好莫试。

穿套裙时所穿袜子宜为单色，可有肉色、黑色、浅灰、浅棕等几种常规选择，多色袜、彩色袜以及白色、红色、蓝色、绿色、紫色等色彩的袜子，都是不适宜的。

鞋袜在与套裙搭配穿着时，其款式有一定之规。与套裙配套的鞋子，宜为高跟、半高跟的船式皮鞋或盖式皮鞋，系带式皮鞋、丁字式皮鞋、皮靴、皮凉鞋等都不宜采用。高筒袜与连裤袜，则是与套裙的标准搭配，中筒袜、低筒袜绝对不宜与套裙同时穿着。

知识链接——旗袍的穿着礼仪

旗袍是我国的传统服装，也是现代礼服中的上品。它线条明朗流畅，剪裁贴身合体，面料柔软绵滑，淋漓尽致地衬托和展现了女性美妙的曲线，是中华民族服饰中最具魅力的精华所在，如图1—11所示。做工考究、面料高档的旗袍成为女性在正式场合最隆重的选择。穿旗袍要注意以下几个方面：

首先，穿旗袍者要有良好的站、坐、走姿，行为端庄，动作优雅，腰身挺拔。其次，旗袍应与场合相符，一般适于室内的宴会、晚会、祝贺聚会等。穿着旗袍应下配肉色连裤袜、中或高跟皮鞋，手拿无带式小坤包，化淡妆，必要时还应配上首饰。旗袍外应有大衣、风衣、斗篷之类的外套相匹配，一般情况下不

图1—11　旗袍

应身着旗袍直接穿行在马路上。最后，旗袍不宜当上班服，不宜穿着旗袍上下公交车或是骑自行车，原因是旗袍的隆重典雅与户外的嘈杂拥挤气氛不协调。

四、配饰礼仪

得体的饰物佩戴，在于既美观又不过分张扬，既稳重又不显零乱。并由此达到锦上添花、提升气质的效果。

虽然饰物佩戴的目的是提升人的气质，增加美感，达到“锦上添花”的效果，但是某些饰物的佩戴并非是随意性的，它往往有着约定俗成的意义。只有了解了其中的常识，才能在达到高雅美丽的同时，又合乎于礼仪规范。

1. 戒指

戒指的种类繁多，常见的有线戒、嵌宝戒、钻戒、方板戒、银戒等。戒指的形状与手指必须相配合，如手指粗短者，应选择椭圆形的戒指，可使粗短的手指显得较为修长。细长的手指可选择圆形的戒指。手指过长者可戴一朵有花纹或两枚重叠形戒指。褐色皮肤的手，戴上金戒指比较协调，有高雅感，手背肤色偏黑，可选暗褐色或黑色宝石戒指。

戒指一般应戴在左手上，且不要多于两个，但戴在右手上也可以。戴两个戒指时要左右对称，或在左手上连着戴。

按照风俗礼仪的习惯，戒指的佩戴已经形成了约定俗成的意义：戴在食指上，表示无偶或寻求恋爱对象；戴在中指上，表示已在恋爱中；戴在无名指上，表示已经订婚或结婚；戴在小拇指上，表示独身或者终身不嫁或不娶。

2. 项链

项链，是佩戴时间长、范围广泛的重要首饰，种类十分繁多，不胜枚举。其搭配对服装有很微妙的作用，恰当地使用，能散发出端庄的韵味。

戴项链时，要与服装、颈部和肤色相协调。

夏天因衣着单薄，佩戴金、银、珠宝项链都很美。浅色的毛衫要佩戴深色或艳一些的宝石类项链；深色的毛衫可配紫晶或红玛瑙项链。脖子较粗的人应选择较细的项链；脖子较细的人则应选宽一些的。一般来说，老年人宜选质地上乘、工艺精细的项链，青年人可以选择质地颜色好、款式新颖的项链。

知识链接——常见的项链种类

一是金银项链，它是项链家族中最主要的成员。金项链有24K、18K、14K三种，含金量与 K 数成正比，银项链一般是 92.5%的成色。

二是珠宝项链，主要由钻石、珍珠、玛瑙、翡翠、玉石等天然名贵材料制成。珠光宝气，雍容华贵。

三是仿制项链，是在金属或塑料制成的项链上镀上一层金或钛，或者采用多色有机玻璃仿珠宝项链。款式多样、价位低廉，很受年轻人欢迎。

3. 耳环

耳环也叫耳坠，是女性耳垂的特殊饰物，种类繁多。主要分有穗式和无穗式两大类。有穗式分单穗和双穗，无穗式又有大圆、小圆、椭圆、葡萄等花样。耳环佩戴方式可分为穿耳洞、夹式的和扭转式的。根据脸型的不同，需选配不同的耳环，具体如下：

(1) 圆形丰满脸形者，可以配上尖形的耳环，使脸看起来较细长。

(2) 长脸形者，配上纽扣形的耳环，可使脸部显得较宽。

(3) 椭圆脸形者，可搭配各式耳环。

(4) 身材纤细瘦小的人，应戴小巧秀气的耳环，如果戴大耳环，会使你看起来头重脚轻。

(5) 身材高大、脸形宽大的女性，则应戴大型的耳环，才能衬出大方的气质。

(6) 方形脸者，可戴长圆或圆形设计的耳环，以减少棱角感。

另外，如果已戴有镶着碎钻的眼镜，或是打算戴好几串项链时，最好不要再戴耳环，以免显得俗气。

4. 手镯和手链

手镯很久以来就是女性的装饰物，也是男女之间相互馈赠的信物和定情首饰。手镯有传统的金手镯、银手镯、翡翠手镯、珐琅手镯、嵌宝手镯等。手链主要有表式手链、花式手链、多用式手链等。

戴手镯和手链很有讲究。手镯一般戴在右臂上，表明佩戴者是自由而不受约束的；如果戴在左臂上，表明已经结婚。一般来讲，一只手上不宜同时戴两只或两只以上的手镯、手链，也不要在一只手腕上既戴手表又戴手镯。

如果戴手镯、手链和耳环等装饰，一般可以省去项链，或只戴短项链，以免三者争辉，影响美感。

第三节 仪 态

学习目标

◆掌握行姿、站姿、坐姿、蹲姿的规范要求，养成良好的行为姿态。

◆了解表情礼仪的基本知识，学会用诚恳友好的目光和美丽的微笑实现良好的沟通和人际交往。

仪态是一种不说话的“语言”，在社会交往过程中，将首先引起对方的特别关注。它体现人的品位，并能在很大程度上反映一个人的素质、受教育程度及能够给对方的信任度，是评价一个人的重要因素。本节主要从讲述正确的坐、站、行姿及眼神运用等方面，让大家掌握基本的仪态礼仪。

举止语言学大师伯德惠斯·戴尔的研究成果表明，在两人之间的沟通过程中，有65％的信息是通过举手投足来表达的。举止的信息负载量远远大于有声语言，且常常比有声语言更真实，它们能够表达有声语言所不能表达的情感，且比有声语言更简洁生动。人们在社会交往中绝对离不开动作和表情，动作和表情在本质上就是一种无声语言，是人际信息传递的一种负载体。

在许多场合，当人们有“真不知道说什么好”“心情无法用语言来表达”的时候，便会借助坐立不安、手足无措、张目扬眉、拂袖而去等形体语言。人们通常用点头来表示赞美、赞赏、同意，用摇头表示否定或拒绝，用手舞足蹈表示兴奋和高兴。俗话说，“眉来眼去传情意，举手投足皆语言”。可见，举止在传情达意方面的礼仪功能是不容忽视的。

一、表情

面部表情是人们体态语言的重要组成部分。它包括脸色的变化、肌肉的收展及眉、鼻、嘴等的动作。而最重要的面部表情为目光和微笑。

1. 目光

在人与人之间进行交流时，目光的交流总是处于最重要的地位。在交流过程中，双方会不断地运用目光表达自己的意愿、情感。诚恳、坦然、友好的目光，会让人产生亲近、信任、受尊敬的感觉；而游离、茫然、轻蔑的眼神，则让人产生被轻视、不被重视的感觉。在生活和工作中不仅要正确运用好目光，还要学会读懂交流对象的目光。

（1）目光的注视时间

在交往中，注视对方时间长短的不同，所表达的含义也不同。交往对象会根据你注视他的时间，感知和判断你对他的态度，同时，你也可以观察交往对象注视你的时间，感知和判断他对你的态度。

知识链接——注视时间与态度的关系

- 表示友好。注视对方的时间占全部相处时间的 1/3 左右。
- 表示重视。注视对方的时间占全部相处时间的 2/3 左右。
- 表示兴趣。注视对方的时间占全部相处时间的 2/3 以上。

（2）目光的注视方向

在交往中注视别人时，目光的角度不同，所表达的含义也不同。平视表示理性、平等、自信、坦率，适用于普通场合与身份、地位平等的人与人之间的交往；仰视表示尊敬与期待，适用于面对尊长之间；俯视表示对晚辈的爱护、宽容，或对他人的轻慢、歧视。人们应根据与交往对象的亲疏远近，选择合适的注视方向。

（3）目光的注视部位

在交往中，目光所到之处，就是注视的部位。一般情况下，与他人相处时，不要注视对方的头顶、大腿、脚部与手部。对异性而言，通常不应注视其肩部以下，尤其不应注视其胸部、裆部和腿部。

在交往中，注视的部位不同，所表达的含义也不同，见表 1—3。

表 1—3　　注视部位及含义

注视类型	注视位置	表达含义	适用场合
关注型注视	对方双眼	聚精会神、一心一意、重视对方	交谈场合
公务型注视	对方的额头	严肃、认真的态度	洽谈、磋商、谈判等场合
社交型注视	对方的双眼至唇心	礼貌、舒适之意	茶话会、朋友聚会、舞会等场合
亲密型注视	对方的双眼至胸部	亲近、友善之意	亲人、恋人、家庭成员之间

知识链接——眼神交流禁忌

人际交往中，眼神交流应注意六忌：一忌眼神冷漠、傲慢、鄙视、轻视。二忌眼神游离、散漫、左顾右盼、挤眉弄眼。三忌长时间盯视对方（尤其是异性）。四忌上下打量。五忌咄咄逼人。六忌暧昧、猥琐、闪烁不定。

2. 微笑

俗话说，“面带三分笑，礼数已先到”。微笑是一种无言的话语，起着很微妙的作用。可以说，微笑是自我推荐的润滑剂，是一种内心愉悦的情感表达方式，也是自信的象征。

保持良好的微笑礼仪有以下要求：

微笑必须真诚、自然。应发自内心，体现诚恳和真实。虚伪的假笑、牵强的冷笑会令人感到别扭和反感。

笑容要适度、得体。微笑虽然是人们交往中最有吸引力、最有价值的面部表情，但也不能随心所欲。适度就是要笑得有分寸、不出声，含而不露。得体就是要恰到好处，当笑则笑，不当笑则不笑。喜庆的场合，应当微笑，而特别严肃的场合，则不宜微笑。否则，会适得其反，给对方留下不好的印象。

微笑要做到甜美。甜美的微笑由嘴巴、眼神及眉毛等协调完成。自然、大方、得体的微笑能让人展现出一定的亲和力。

知识拓展——微笑的训练法

• 对镜训练法。面对镜子，双唇轻闭，使嘴角微微翘起，面部肌肉舒展开来。

• 口形对照法。通过一些相似性的发音口型，如“一”“茄子”“田七”等，找到适合自己的最美的微笑状态。

• 他人诱导法。同桌、同学之间互相通过一些有趣的笑料、动作引发对方发笑。

• 情绪回忆法。回忆自己曾经的往事，幻想自己将要经历的美事引发微笑。

• 习惯性佯笑。强迫自己忘却烦恼、忧虑，假装微笑。

• 牙齿暴露法。笑不露齿是微笑；露上排牙齿是轻笑；露上下八颗牙齿是中笑；牙齿张开看到舌头是大笑。

二、站姿

站姿即站相。它是人们平时经常采取的一种静态的造型，又是其他各种静态或动态的身体造型的基础和起点。

在人际交往中，站姿是一个人全部仪态的核心，“站有站相”是对一个人礼仪修养的基本要求，良好的站姿能衬托出美好的气质和风度。如果站姿不够标准，其他姿势就谈不上优美。

由于性别的差异，男性的立姿要稳健，即所谓“站如松”，以显出男性刚健、强壮、英武、潇洒的风采。女性的立姿要柔美，即所谓“亭亭玉立”，以体现女性轻盈、妩媚、娴静、典雅的韵味。如图 1—12、图 1—13 所示。

图 1—12 男士规范站姿

图 1—13 女士规范站姿

不同场合的站姿有不同的要求，例如：

站着与人闲谈时，双手可在体前交叉，右手放在左手上。若身上背着皮包，可利用皮包来摆出优美的姿势：一只手插口袋，另一只手则轻推皮包或扶着皮包的肩带。不可双臂交叉，更不能两手叉腰，或将手插在裤袋里或下意识地做小动作，如，摆弄打火机、香烟盒，玩弄衣带，咬手指甲等。

与客人谈话时，要面向对方站立，保持一定距离，太远或太近都是不礼貌的。站立姿势要正，可以稍弯腰。切忌身体歪斜，两腿分开距离过大，不可倚墙和手扶椅背等，这些都是不雅与失礼的姿态。

向长辈、朋友、同事问候或作介绍时，不论握手或鞠躬，身体都要正对对方，双足应当平行，相距 10 厘米左右，膝盖要挺直。

等车或等人时，两脚的位置可一前一后，保持 45°，这时的肌肉放松而自然，但仍应保持身体的挺直。

知识链接——正确与不正确的站姿

1. 规范站姿

- 抬头正首，双目平视前方，嘴唇微闭，面带微笑，自然平和。
- 双肩放松，稍往下压，使人体有向上的感觉。
- 躯干挺直，身体重心应在两腿的中央，做到挺胸、收腹、立腰。
- 双臂自然下垂于身体两侧，或放在身体前后。
- 双腿直立，保持身体的端正。

2. 不正确的站姿

• 腰背不挺直。站立时，有意无意地过分放松，弯腰驼背。

• 手位不当。站立时手位不当主要表现在：一是双手抱在脑后。二是用手托着下巴。三是双手抱在胸前。四是把肘部支在某处。五是双手叉腰。六是将手插在衣服或裤子口袋里。

• 脚位不当。即采用了俗称的“内或外八字”，或者采用了“蹬踩式”，即在一只脚站在地上的同时，把另一只脚踩在鞋帮上，或是踏在其他物体上。

• 半坐半立。在正式场合，不可以为了贪图舒服而擅自采用半坐半立之姿。

• 身体歪斜。站立时不能歪歪斜斜。如头偏、肩斜、腿曲、身歪，或是膝部不直等。

三、坐姿

坐姿也是一种静态的身体造型，是人们在社交应酬中采用最多的姿势。端庄优美的坐姿不仅给人以文雅、稳重、大方的感觉，而且也是展现自己气质和修养的重要形式。

学习坐姿时，要注意入座、坐定和离座几个环节。

1. 入座

入座又称就座、落座，即人们坐到座位上的具体行动。在社交场合入座要遵守：讲究顺序，礼让尊长，注意方位，从左入座，背对座椅，落座轻稳。

具体说，在社交和公务场合，若与他人一起入座时，应礼貌地邀请对方首先就座或与对方同时就座，不可抢先坐下。入座时，要注意方位，分清座次的主次，主动把上座，如面门的座位、居中的座位、右侧的座位、舒适的座位让给尊长。就座时要留意从座椅自身的左侧入座，这是就座的一种礼貌。同别人对面就座时，要以自己的背部接近座椅，右脚向后撤，使腿肚贴到座椅边，再轻稳坐下，勿使出声。如女士穿裙子入座时，应将裙子后片拢一下，以免裙底“走光”。

2. 坐定

与站姿一样，端庄优雅的坐姿能表现出一个人的静态美感。正确坐姿的关键在于入座者下肢与上身体位的协调配合，尤其是双腿与双脚的摆法，坚持“坐勿箕”的原则。

坐姿的基本要求是端庄、大方、文雅、得体。具体说来应是：上体正直，头部端正；双目平视，双肩齐平；下颏微收，双手自然搭放。

坐定后，男士双膝并拢或微微分开，并视情况向一侧倾斜，两脚自然着地。在社交场合，不论坐椅子或坐沙发，最好不要坐满，应正襟危坐，以表示对对方的恭敬和尊重，双目正视对方，面带微笑。作为女士，“坐莫动膝，立莫摇裙”还是应该谨记的。女士的坐姿应温文尔雅，自然轻松。其基本要求是，腰背挺直，手臂放松，双腿并拢，目视于人。与人谈话时，通常可以把双手轻搭在沙发扶手上，但不可手心朝上；也可双手相交，放在腿上，但不可相交超过手腕二寸。还可以将左手掌搭在腿上，右手掌再搭在左手背上，这种坐姿显得比较娴雅。坐在客人面前，谈吐之间不要手脚乱动，更忌手舞足蹈。除了特别亲近的客人，一般不要半躺在沙发上，这样很不文雅。

坐姿类型多样，其基本规范见表 1—4。

表 1—4　　不同类型的坐姿规范

坐姿	示意图	具体要求
基本坐姿		头正、颈直，下颌微收，双目平视前方，或注视对方。身体正直，挺胸收腹，腰背挺直。双腿并拢，小腿与地面垂直，双膝和双脚跟并拢。双肩放松下沉，双臂自然弯曲内收，双手呈握指式，右手在上，手指自然弯曲，放于腹前双腿上
开膝合手式坐姿		在基本坐姿的基础上，双脚向外平移，两脚间距离不得超过肩宽，两脚垂直于地面，两膝分开，两手合握于腹前。此坐姿仅适于男士
前伸式坐姿		在基本坐姿的基础上，女士左脚向前伸出，全脚着地，小腿与地面的夹角不得小于 45°，右脚跟上，右脚内侧脚弓部靠于左脚跟处，全脚着地，脚尖不可上翘。男士双脚前伸并拢，小腿与地面的夹角不得小于 45°
双腿左斜放式坐姿		在基本坐姿的基础上，左脚向左平移一步，左脚掌内侧着地，右脚左移，右脚内侧中部靠于左脚脚跟处，右脚脚掌着地，脚跟提起，双腿靠拢斜放，呈双腿左斜放式坐姿，相反，呈双腿右斜放式坐姿。两膝在整个过程中，始终相靠

续表

坐姿	示意图	具体要求
双腿前伸交叉式坐姿		在基本坐姿的基础上，左小腿向前伸出45°，右小腿跟上，右脚在上与左脚相交，两脚交叉于踝关节处，膝部可略分开
双脚后点地式坐姿		在基本坐姿的基础上，两脚后收，脚掌着地，脚跟相靠，双腿并拢。此坐姿适于凳椅下有空间者
开并式坐姿		在基本坐姿的基础上，两脚外移分开，两脚间分开的距离不得超出肩宽，两脚尖略向外，两膝并拢，两腿呈下开上并之态，此坐姿适于坐在低矮的凳椅或不起眼的地方
曲伸式坐姿		在基本坐姿的基础上，左脚后收，脚掌着地，左脚呈后曲状。右脚前伸，全脚着地，右腿呈前伸状，膝部靠拢，两脚前后在一条直线上

知识链接——坐姿禁忌

在正式场合，不得有下列姿势：一是双腿过度叉开。二是高架“二郎腿”或“4”字形腿。三是腿脚抖动摇晃。四是左顾右盼，摇头晃脑。五是上身前倾后仰或弯腰曲背。六是双手或端臂、或抱脑后、或抱膝盖、或抱腿、或放于臀部下面。七是双腿长长前伸、或脚尖指向他人。八是双手撑椅。九是又跷脚又摸脚。十是坐下后随意挪动椅子。

“坐如其人”，一个人的坐姿也是他的素养和个性的显现。得体的坐姿可以塑造社交者的良好形象，而错误的坐姿，则会给人一种粗俗、没有教养的印象。

3. 离座

离座时也应讲究礼貌，要注意以下礼仪：

（1）注意先后。身份高者先离座，身份同等可同时离座。

（2）起身轻稳。离开座位时动作要缓慢轻稳，不能猛起猛出，不能发出声响。

（3）自左离开。同入座一样，坚持左入左出，礼貌如一。

（4）站好再走。离座要自然稳当，右脚向后收半步，然后起立，起立后右脚与左脚并齐，再从容移步。站好再走是动作稳健的体现，而匆忙离去或趺趺撞撞，则是举止轻浮的表现。

四、蹲姿

在公共场合，当弯腰至45°以下时，应采用蹲姿以保持较好的礼仪姿态。特别是女性在公共场合拿取低处的物品或捡拾落地的物品时，采用蹲姿，可避免撅起臀部的不雅姿态。

1. 蹲姿的基本要求

（1）下蹲拾物时，应自然、得体、大方，不遮遮掩掩。

（2）下蹲时，两腿应合力支撑身体，避免滑倒。

（3）下蹲时，应头正、胸挺，使蹲姿优美。

（4）女士无论采用哪种蹲姿，都要将腿靠紧，臀部向下。

2. 蹲姿的类型

（1）高低膝下蹲式

下蹲后，左脚在前，右脚在后，左脚完全着地，小腿基本垂直地面；右脚要脚掌着地，脚跟提起。右膝内侧可靠于左上腿的内侧，形成左膝高右膝低的姿态。臀部向下，基本上以右腿支撑身体。此蹲姿男女均可适用。但女子应注意靠紧双腿，男子两腿之间可有适当的距离。如图1—14所示。

（2）交叉腿下蹲式

下蹲后，左脚在前，右脚在后，左小腿垂直于地面，全脚着地。左腿在上，右腿在下，二者交叉重叠，右膝从后下方伸向左前侧，右脚跟抬起脚掌着地，两腿前后靠近，合力支撑身体。上身略向前倾，臀部朝下。此蹲姿适用于穿裙装的女子。如图1—15所示。

图 1—14　高低膝下蹲式

图 1—15　交叉腿下蹲式

知识链接——蹲姿禁忌

• 弯腰捡拾物品时，两腿叉开，臀部向后撅起，是不雅的站姿，两腿展开平衡下蹲，其姿态也不优雅。

• 下蹲时注意内衣，“不可以露，不可以透”。

• 在行进中需要下蹲时，速度不宜过快，不要突然下蹲。

• 在下蹲时，应与他人保持一定的距离，与他人同时下蹲时，更不能忽视双方的距离，以防彼此撞头。

五、行姿

无论是日常生活或公共场合，走路是“有目共睹”的肢体语言，往往能表现一个人的风度和修养。人们走路的样子千姿百态，各不相同，给人的感觉也有很大差别。有的步伐矫健、端正、自然、大方，给人以沉着、庄重、斯文的感觉；有的步伐雄壮，给人以英武、勇敢、无畏的印象；有的步伐轻盈、敏捷，行走如风，给人以轻巧、欢悦、柔和之感。但也有一些人由于不重视步态美或由于生理原因，逐步形成了一些不规范的步态：或摇头耸肩，左右摇动；或弯腰弓背、步履蹒跚等，都需要在日常生活中注意纠正。

1. 行姿要点

行姿的规范要求是上身挺直，头正目平；收腹立腰，摆臂自然；步态优美，步伐稳健；动作协调，走成直线，如图 1—16 所示。在行走的过程中，要注意下面三个要点：

一是步幅要比肩膀的宽度略微宽一点。开始行走之前，两脚之间要保持比肩膀略宽的距离站立。并记住这段距离，这就是理想的步幅。要注意，膝盖向后拉伸是行走的关键。

二是要脚跟先着地，由脚跟向脚尖方向抬脚，注意走直线。行走时要注意使腿部肌肉向内侧拉伸，背部拉长。迈出的脚要脚跟先着地，之后身体的重心再移至全脚，再由脚跟向脚尖方向抬起。

三是行走时视线不是落在脚上，而是以前方 10～20 米的位置为宜。手要微微向前摆动，大幅度向后摆动，手的动作一定要有意识地训练。

图 1—16　规范行姿

2. 决定步态美的因素

步态是一种微妙的语言，它能反映出一个人的情绪。当心情喜悦时，步态就轻盈、欢快，有跳跃感。当情绪悲哀时，步态就沉重、缓慢，有忧伤感。当踌躇满志时，步态就坚定明快，有自信力。当生气时，步态就显得强硬，愤慨。人们往往可从步态中觉察出人的心理变化。步态还要分场合，脚步的强弱、轻重、快慢、幅度及姿势，必须同出入场合相适应。在室内走路要轻而稳，在公园里散步要轻而缓，在阅览室里走路要轻而柔，在婚礼上步子要欢快、轻松，在丧礼上步子要沉重、缓慢。总之，步态要因地、因人、因事而宜。决定步态美的因素包括以下几个方面：

（1）步度

走路时步态美不美，关键在步度和步位。所谓步度（步幅）是指行进时前后两脚之间的距离。通常情况下，男性的步度约 25 厘米，女性的步度约 20 厘米。当然，步度跟服装与鞋也有一定关系。

（2）步位

步态美也与步位有关。所谓步位，是指行走时脚落地的位置，如前所述，走路时最好的步位是两只脚所踩的是同一条直线，而不是两条平行线，特别是女性走路，如果是两脚分别踩着两条线走路，那是有失雅观的。

（3）步速

步速稳健也是保持步态美的又一重要因素。在正常情况下，应自然舒缓，显得成熟、自信。一般来说男性步伐频率每分钟约 100 步，女性步伐频率每分钟约 90 步。

（4）步韵

行进时，膝盖和脚腕要富于弹性，腰部应成为身体重心移动的轴线，双臂应自然放松一前一后地摆动，保持身体各部位之间动作的和谐，使自己走在一定的韵律之中，显得自然优美，否则就失去节奏感。

知识链接——不雅行姿

• 步态不雅。主要包括：一是鸭子步，即走起路来摇摇摆摆，步履蹒跚。二是螃蟹步，即走路之时横行霸道，不合常规。三是斜行步，即行进时不是直线向前，而是歪歪斜斜。四是点地步，即走路时脚尖首先着地。五是内、外八字步。

• 体位失常。一是头位失常。不是头部直正，双目平视前方，而是俯首或仰观。二是肩位失常。走路时双肩一高一低，没有端平。三是臂位失常。双臂在行进时僵直不动或者同向运动；没有一前一后地在身体两侧匀速摆动。四是腿位失常。走路时忘记伸直腿部，或者使其过分地伸向身体两侧。

• 方向不明。在行走过程中应保持既定的方向。切勿在行进中反反复复、毫无规律地改变自己的行走方向。尤其要避免在众人的注视之下，不停地走来走去。

• 奔跑蹦跳。在人多之处行走时，要保持自己的风度，不要使自己过分情绪化。如果有急事需要处理，可在行进中适当地加快自己的步伐。若非遇到紧急情况，最好不要匆匆忙忙地跑来跑去。在公共场合，尤其是在熟悉自己的人面前，更是不要一言不发地狂奔而来或狂奔而去。

思考题

1. 仪容礼仪规范要求哪些部位要保持清洁？
2. 实现和保持仪容美，要掌握哪些最基本的保健常识？
3. 美发的标准和基本要求是什么？
4. 服饰协调的基本方法有几种？
5. 戒指、项链、耳环的佩戴常识有哪些？
6. 男士着装有什么禁忌？
7. 规范的站姿、行姿、坐姿和蹲姿的要求是什么？
8. 目光礼仪包括哪些方面的内容？
9. 微笑的基本要求是什么？训练方法有哪几种？

第二章 日常交往礼仪

本章导读

日常交往看似简单，随意性也很强，但里面却蕴藏着很多的学问，尤其是交往的礼仪。本章的学习目的就是要帮助大家掌握日常交往礼仪知识，规范日常交往行为，建立良好的人际与人脉关系，在人际交往中做到游刃有余，事半功倍。

第一节 会 面

学习目标

◆掌握握手的礼仪与禁忌。

◆掌握会面介绍的礼仪。

◆掌握使用名片的礼仪。

◆掌握会面的基本礼仪，通过日常交往建立良好的人际关系。

一、握手礼仪

握手是人际交往中常用的一种礼仪。行握手礼时，一般应距受礼者一步之远，起身两脚立正，上身略微前倾，伸出右手，四指并拢，拇指张开，掌心向内，手的高度大致与对方腰部上方持平，注视对方，面带微笑，专心致志，用力适度，并可微微上下摆动几下，以示真诚和热情，同时说问候语和敬意语，如图 2—1 所示。

握手时，要把握以下礼仪要点：

1. 握手的时机

一般情况下人们都是在会面、道别时握手，此时无声胜有声。但如何把握握手的最佳时机，却是一个微妙的大有学问的问题，它涉及双方的关系、现场的气氛和交往的发展。握手的时机包括适宜和不适宜两大方面，详细见表 2—1。

图 2—1　握手姿态

表 2—1　握手的时机

握手的时机类型	具体说明
适宜行握手礼的时间	• 迎送客人时 • 向他人表示祝贺时 • 向他人表示谢意时 • 他人在向自已表示恭喜和祝贺时 • 与友人久别重逢时 • 在你被介绍与人认识时 • 与客户交易成功时 • 公务应酬场合 • 例行公事的场合等
慎行或不行握手礼的情况	• 对方因各种文化、习俗无握手的礼仪 • 由于宗教信仰等原因，异性之间不握手的 • 天天见面，不必要握手的 • 对方携带重物或忙于其他事务的 • 手部患有疾病或创伤等

2. 握手的次序

握手的次序取决于不同的场合。一般来说，在公务场合握手的次序主要取决于职位、身份；在社交休闲场合主要取决于年龄、性别、婚否。一般情况下的交往双方握手次序见表2—2。

表 2—2 握手次序

序号	相互关系	握手次序
1	宾主之间	主人应先伸手，以示欢迎。而在客人告别时，则应由客人先伸手，表示谢意并示意主人送别就此留步
2	长幼之间	长辈应先伸手，以示关怀。年幼者可用双手握住长者的手，以示尊敬。握手时幼者若向长者微微鞠躬则更显礼貌
3	上下级之间	职务低者要等职务高者先伸手，以示尊重
4	男女之间	男士要先等女士伸手后，才能伸手做出回应，而且往往只能握一下女士的手指部位。如果女士不伸手，无握手之意，男士只能点头致意。不过，如果女士拒绝与向她伸出手的男士握手，就会显得不够礼貌
5	已婚未婚之间	已婚者应先向未婚者伸手相握
6	师生之间	老师应先伸手与学生握手
7	两对夫妇相见时	先是女士相互握手致意，然后是男士分别同对方的妻子握手致意，最后是男士互相握手致意
8	一人与多人之间	当多人在职位、长幼等方面没有较大差别时，可按其自然空间位置，按照由近而远的次序握手；若职位、长幼等情况存在较大差别，则应根据自长而幼的原则逐一行握手礼
9	多人之间	彼此应按尊者先伸手的次序进行，但不能同时交叉握手，也不要在别人正在握手时，又伸手相握

3. 握手的力度

握手力度要因人而异，把握分寸，既不能有气无力，也不可过分用力，以不轻不重为好。通常与亲朋故旧握手时，力度可稍大些。与初识、异性握手时，力度要稍小些，也不能握得太紧。若握得太轻，会让对方感到你傲慢或缺乏诚意；若握得太紧，用力过大，会让对方觉得你粗鲁、轻佻。

4. 握手的时长

握手时间的长短应根据对方的身份和双方的关系来定。初次见面者，握手时间一般控制在几秒以内，尤其与异性握手时间不要过长，否则是失礼的表现。

知识链接——握手禁忌

在社会交往中，要记住握手礼有以下禁忌：

- 不宜用左手与人握手。
- 不宜交叉相握。
- 不可以戴手套与别人握手。
- 不可以用双手与异性相握。

• 不可以戴着墨镜、太阳镜、帽子与别人握手。

• 握手时不能把左手插在衣袋里，或拿着香烟等物。

• 握手时不应面无表情、一言不发或夸夸其谈。

• 与别人握手后不能立即用手帕等物擦拭自己的手。

• 握手时不能目光游移或漫不经心。

• 不能用力不当或敷衍、鲁莽。

• 不能坐着与别人握手。

• 无论在何种情况下，都不能拒绝与他人握手，即使是女士，若男士已伸出手来，也理应回应。女士若不愿握手，也应及时欠身鞠躬或点头微笑致敬，或用客气话来代替握手。

二、介绍礼仪

介绍是人们在社交活动中最常见的礼节，是人们在社会活动中相互结识的最基本形式。介绍的作用在于：它能拉近人与人之间的距离，加快人们的彼此了解；可以消除不必要的误会；在素不相识的人之间起到结识桥梁的作用。

1. 他人介绍

他人介绍中的引荐者通常应由具有下列身份的人承担：社交活动中具有一定身份的尊者，公务交往中的专职人员，熟悉被介绍双方情况者，被介绍一方或双方推荐的介绍人。

他人介绍的内容以双方的姓名、学位、职务等公共信息为主，也可以强调介绍者与被介绍者的特殊关系。

（1）介绍者礼仪

作为引荐者在为双方介绍时，要注意以下礼节：

1）遵守“尊者优先知情”的规则，按顺序逐一介绍。

2）要讲究介绍的礼仪，为人们介绍时，最好先说明一下：“请允许我来介绍一下……”“很荣幸向大家介绍……”之类的介绍词，切勿上去开口就讲，让人感到突如其来或措手不及。

3）要根据社交的场合、目的的不同，采用恰当的介绍方法。比如，是简单介绍式的还是复杂式的，是强调式的还是平叙式的，是引见式的还是推荐式的等。

4）介绍的程度应是双方对称的，不可厚此薄彼，否则就是失礼。

5）要掌握分寸，实事求是，特别是涉及的职务、职称、头衔等一些最基本的信息，一定要真实、准确。

6）介绍别人时，仪表要端庄，表情应自然，手势动作要文雅，除拇指外四指合拢，伸出手掌用指尖所指的方向示意，而不能直接伸出食指，用一个指头进行指示，且眼神要随着手势转向被介绍人，并向另一方点头微笑，如图 2—2 所示。

图 2—2　介绍时的姿态

7）介绍时不能背朝任何一方，跟谁讲话，眼睛就要注视谁。

8）介绍他人时不要使用易生歧义的简称，更不要使用捉弄人的话语。

（2）被介绍者礼仪

被介绍者也应注意应对的礼仪。被介绍者在他人介绍自己时，应面带微笑，注视对方，注意聆听，点头示意。当介绍完毕后，除年长者和年纪稍大的女士外，一般都应起立，表示对介绍者和被介绍方的尊重，并依照合乎礼节的方式相互握手，彼此问候对方。常用的问候语是："您好！""久仰大名！""很高兴认识您！""认识您，我非常荣幸！"等。两人相互认识后欲深交还可以交换名片，以便日后联系。但在宴会桌、会谈桌边也可不起立，这时被介绍者只需略欠身微笑点头，有所表示即可。

2. 自我介绍

在人际交往中如能正确地利用自我介绍，不仅可以扩大自己的交际范围，广交朋友，而且有助于自我展示、自我宣传，在交往中消除误会，减少麻烦。自我介绍，即将本人介绍给他人。从礼仪上讲，作自我介绍时应注意下述问题：

（1）自我介绍的场合

在以下场合有必要进行适当的自我介绍。如，应试求学时；在交往中与不相识者相处时；有不相识的人表现出对你感兴趣时；有不相识的人要求你作自我介绍时；有求于人，而对方对自己不甚了解，或一无所知时；旅行途中，与他人不期而遇，并且有必要与之建立临时接触时；自我推荐，自我宣传时，如果欲结识某些人，而又无人引见，如有可能，即可向对方自报家门，把自己介绍给对方。

（2）自我介绍的方式

自我介绍的场合不同，介绍的内容也会有所不同。具体方式如下：

1）应酬式的自我介绍。介绍的内容以简单为好，往往只介绍自己的姓名即可。

2）工作式的自我介绍。大体包括四项内容，即单位、部门、职位和姓名。

3）交流式的自我介绍。可包括自己的姓名、工作、籍贯、兴趣及与交往对象的某些熟人关系等。

4）礼仪式的自我介绍。这主要是在一些正规而又隆重的场合进行的自我介绍，内容包括姓名、单位、职务，同时应该多加入一些适度的谦辞、敬语等。

5）应聘式的自我介绍。主要包括姓名、单位、专业、学历、职务、职称、年龄、教育背景、工作经历，专长、兴趣等。当然，对这些内容，也应该是突出重点的进行介绍。

上述各种介绍有的是在工作场合，有的是在公共场合，有的是在正规而隆重的场合，但无论在何种场合，自我介绍都要讲究方法，掌握技巧，恰到好处，不失分寸。

（3）自我介绍注意事项

1）态度一定要自然、友善、亲切、随和。应镇定自信、落落大方、彬彬有礼，既不唯唯诺诺，又不虚张声势，轻浮夸张。要表现出自己渴望认识对方的真诚情感，你态度热忱，才能让对方也热忱。语气要自然，语速要正常，语音要清晰。

2）自我介绍时还要言简意赅，尽可能地节省时间，以半分钟左右为佳，不宜超过一分钟，而且越短越好。话说得多了，不仅显得啰唆，而且交往对象也未必记得住。

3）进行自我介绍时，应先向对方点头致意，得到回应后再向对方介绍自己。如果有介绍人在场，自我介绍则会被视为不礼貌。

三、名片礼仪

名片作为一种社会交际工具，早在我国西汉时期就已经开始流行了。现在，交换名片更是社交场合中一种重要的自我介绍方式。为了更好地发挥名片在社交中的作用，应该特别注意递送和接受名片的礼仪。

1. 递送名片

在社交场合，如果递送名片，必须在场的每一个人都要送到。因此事先应做好准备，并把名片放在容易拿出的地方，切不可等需要时再找，给人想事不周、办事没有条理的感觉。名片通常要放在名片夹里，或其他上衣口袋里；女士可将名片夹置于手提包内，不要放在裤子后侧或左右侧的口袋或钱包里。同时要注意将别人的名片和自己的名片分开放，以避免忙碌之中误将别人的名片当作自己的名片发出。

在社交活动中，当遇到下列情况时，需要将自己的名片递给对方，或与对方交换名片：

（1）表示自己重视对方。

（2）被介绍给对方。

（3）对方提议交换名片。

（4）对方向自己索取名片。

（5）初次登门拜访对方。

（6）通知对方自己信息变更情况。

（7）打算获得对方的名片。

递送名片时，态度要谦恭、诚恳，举止要文明、礼貌。一般情况应起身站立，走向对方，用双手大拇指和食指拿住名片上端的两个角，名片正面朝向对方，如图 2—3 所示。双手递上，眼睛注视对方，并真诚地说“请多指教”“请多关照”等类敬语，递送名片时，切不可用左手，也不能用手指夹着名片递给别人。

名片递送有一定的顺序。当同时与多人交换名片时，要注意按“先长后幼”和“由近而远”的顺序依次递送。切不可挑三拣四，采用“跳跃式”的方法。另外，特别忌讳向同一个人重复递送名片。

2. 接受名片

接受名片时态度要恭敬，举止要得体，当他人把名片递送过来时，要立即停止手中的工作，起立并微笑着注视对方，并以双手或以右手捧接，如图 2—4 所示。接过名片后可以说“谢谢”，随后有一个阅读名片的过程，阅读时可将对方的姓名、职衔念出声来，并注视着对方，使其产生一种受重视的满足感。其后，回敬一张本人的名片，如身上未带名片，应向对方表示歉意，在对方离去之前，或话题尚未结束时，不必急于将对方的名片收起来。

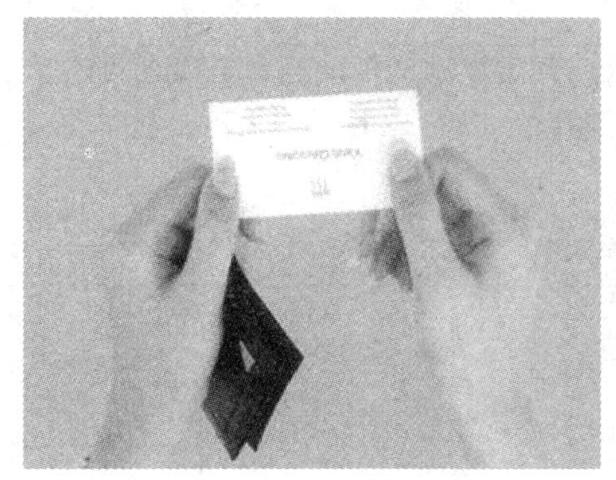

图 2—3　递名片

图 2—4　接名片

第二节　宴请与赴宴

学习目标

◆掌握宴请的基本礼仪。

◆掌握赴宴的常规礼仪。

人情往来，是当今开放社会人际关系的重要组成部分。而不管是款待来客还是接受邀请参加宴会，都要注意相应的礼仪规范。

一、宴请礼仪

1. 邀请

邀请亲友来做客的常见方式有三种：一是口头邀请，二是打电话邀请，三是发请柬邀请。

口头邀请的方式比较自然，常用于比较熟悉的亲友。邀请可在休息日或平时的晚上，到被邀请者家中亲自邀请以示重视。这种方式，不仅可以让被邀请者了解赴约的目的，而且当时就可知道被邀请者是否有空和是否乐意来参加。

打电话邀请的方式也比较灵活常用，不论什么时候，只要主人有空就可以邀请客人，采用这种方式既能节省时间，还能马上知道对方的意见。

发请柬邀请的方式，一般在举办较为隆重的宴请、被邀请方也比较多的情况下采用。发请柬的优点在于其既礼仪慎重，又能对客人起到提醒备忘的作用。

2. 桌次、座次安排

（1）桌次安排

一般宴请，桌数在两桌以上时，应安排好桌次。判定桌次的标准通常是以正对门又远离门为上，靠近门为下；中间为上，两边为下；面对门时，以右为上，左为下。具体见表2—3。

表2—3　桌次安排原则与示例

原则	具体要求	示例
以右为上	餐桌的排列有左右之分时，面对餐厅（或包厢）正门或面对乐队演出中心的右侧为上、为尊	1　2 门
以远为上	餐桌的排列有远近之分时，距离餐厅（或包厢）正门较远者为上、为尊。以离正门远近区分尊卑，主要是因为门口是送菜、撤器等必经之道，较为吵闹，受干扰较多，而“远”则相对安静	1 2 门

续表

原则	具体要求	示例
居中为上	餐桌的排列有左中右之分时，居于中间者为上、为尊。以中为上，主要是“中”处于醒目的中心位置，且方便联络、交谈	2 1 3 门
中远结合以右、以远为上	多桌宴会一般以最前面或居中的桌子为主桌，按国际上的习惯，遵循中远结合以右、以远为上的原则，即其他桌次的高低以离主桌位置远近而定。距离主桌越近，桌次越高；距离相等时，以面对正门的位置为准，右高左低	1 3 2 4 门

（2）座次安排

中餐宴会的席位安排原则包括以下几个方面：

1）面门为主。即通常面对餐厅正门的位置为主人位，与主人位相对的座位为副主人位。公务场合，有 2 位主人时，则应按照职务高低或年龄的大小，双方相对而坐。若主人夫妇共同出席宴会时，则男主人在主人位就座，女主人在副主人位就座。

2）主宾居右。按照国际惯例，主宾应安排在主人的右侧就座。

3）好事成双。为了方便席次安排、避免出现一些尴尬的情景出现，每桌的人数以偶数为宜，每桌的人数最好控制在 12 人之内。

4）各桌相对。主桌之外的其他各餐桌上的“主位”，一般均与主桌上的主人位相对，以便其他桌的主人观察主桌上主人的活动，起到遥相呼应的作用。

3. 祝酒

宴席上喝酒一般没有自斟自饮的，都有祝酒的程序，一般是主人站起把酒当众打开，依年龄、辈分或尊贵的程度斟酒，如都是平辈，就按座次顺时针方向斟酒，斟酒要满，然后全体举杯共贺喜事，一饮而尽。

4. 劝酒

宴席上劝酒是调节宴席气氛的重要环节，会劝酒、谈笑风生，使赴宴的人皆大欢喜；劝酒不当，则会使宴席气氛沉闷、喝不出劲头来。劝酒也有讲究和说道，但基本的一条，就是劝酒词要精彩，语言要贴切得体、合情合理。劝酒的内容如祝贺、道喜等应在轻松、愉快的情绪中说出来，使客人欣然领受。而在亲戚间一般就没有那么多客套和繁文缛节。总之，在酒桌上劝酒时，要注意长幼，力求达到烘托宴请气氛的目的，既让大家喝足、喝好，又不要喝多。

二、赴宴礼仪

1. 赴宴准备

（1）应邀

接到邀请后，不论能否赴约，都应尽早做出答复。不能应邀的，要婉言谢绝；接受邀请的，不要随意变动，并按时出席；确有意外不能前去的，要提前解释，并表示歉意。作为主宾不能如约的，更应郑重其事，甚至登门解释、致歉。

（2）准时赴宴

赴宴不得迟到，迟到是失礼的表现，但也不可到得过早，去早了主人未准备好，难免尴尬。

（3）见面

主人迎来握手，应及时上前响应，并问好，致意。按照有关习惯，可送鲜花或花篮。

2. 用餐

（1）就座

1）一般情况下，要在有关人员的引导下，或者按照座位卡入座，不要不分场合或者不看出席人员的具体情况，随意入座，切忌坐错了位置。

2）一般应等长者坐定后，方可入座。席上如有女士，应等女士坐定后，方可入座。如女士座位在隔邻，应招呼女士后再入座。

3）坐姿要端正，与餐桌保持适当的距离。坐姿应自然端正，不要太僵硬，也不要往后倒靠在椅背上。胳膊肘不要放在餐桌上，不要托腮，目光应随势而动，不要紧盯着菜盘。

（2）餐桌上的一般礼仪

1）就餐时须温文尔雅、从容安静，不能急躁。

2）在餐桌上不能只顾自己，也要关心别人，尤其要招呼两侧的女宾。

3）边吃边谈是宴会的重要形式，应当主动与同桌人交谈，并特别注意同主人方面的人交谈，不要总是和自己熟悉的人谈话，话题要轻松、高雅有趣，不要涉及会引起对方敏感、不快的问题，不要对宴会和饭菜妄加评论，且口内有食物时，应避免说话。

4）要小口进食，闭着嘴细嚼慢咽，不要发出声音。对热菜热汤不要用嘴去吹，骨头、鱼刺先吐到筷子或叉子上，再放入骨盘，食物未咽下时，不能再塞食物入口。

5）为别人取菜舀汤，应使用公筷公匙。

6）自用餐具不可伸入公用餐盘夹取菜肴。

7）已吃进口的东西，不能吐出来，如不慎饮用了滚烫的食物时，可喝水或用果汁冲凉。

8）送食物入口时，两肘应向内靠，不应向两旁张开，碰及邻座。

9）自己手上持刀叉或他人在咀嚼食物时，均应避免跟人说话或是敬酒。

10）切忌就餐时解开纽扣，松开领带，不能用手指剔牙，需剔牙时应使用牙签并以手或手帕遮掩。

11）避免在餐桌上咳嗽、打喷嚏、嗳气。万一没忍住时，应说声“对不起”。

12）喝酒宜各自随意，敬酒以礼到为止，切忌劝酒、猜拳、吆喝。

13）如餐具坠地，可尽量自己拾起并更换，尽量不打扰他人。

14）遇有意外，如不慎将酒、水、汤汁溅到他人衣服上，表示歉意即可，不必恐慌赔罪，反使对方难为情。

15）如欲取用摆在同桌其他客人面前的调味品，应请邻座客人帮忙传递，不可伸手横越，长驱取物。

16）如系主人亲自烹调的食物，勿忘给予主人赞美。

17）如吃到不洁或有异味的食物，不可吞入，应将入口食物轻轻地用拇指和食指取出，放入盘中。

18）食毕，餐具务必摆放整齐，不可凌乱放置。餐巾亦应折好，放在桌上。

19）主食进行中，不宜抽烟，如需抽烟，必须先征得邻座的同意。

20）如果是在餐厅宴请，不能抢着付账，推拉争付，极为不雅。未征得朋友同意，亦不宜代友付账。

21）进餐的速度，宜与男女主人同步，不宜太快，亦不宜太慢。

22）餐桌上不能谈悲戚之事，否则会破坏欢愉的气氛。

知识链接——餐巾的使用

•餐巾主要用于防止弄脏衣服，兼擦嘴及手上的油渍。

•等大家坐定后，尤其是宴会主人拿起餐巾时，才可以拿起餐巾。

•餐巾应摊开后，放在双膝上端的大腿上，切勿系入腰带，或挂在西装领口。

•餐巾是用来防止菜汤滴在身上和擦拭嘴角的，不可用来擦餐具，更不要用来擦脖子抹脸。

（3）离席

用餐后，应起立向主人道谢告辞，并须等男、女主人离席后，其他宾客方可离席。离席时，应帮助邻座长者或女士拉椅离席。

第三节 馈 赠

学习目标

◆掌握亲属关系的馈赠礼仪。

◆掌握朋友间的馈赠礼仪。

◆了解馈赠禁忌。

日常生活中的馈赠非常普遍，并且最能够体现人情的复杂与微妙。在家庭生活中，逢年过节或特殊的纪念日，或者某个家庭成员遇到高兴的事情时都可以送上精致的小礼物以表示祝贺。

一、亲人馈赠

一般来讲，我国的家庭至少是三代同堂，有长辈、同辈、晚辈。对不同的人，在选择礼品时也应有所区别。表达长辈对晚辈的鼓励、爱护之情，可以选择晚辈在学习中需要的物品或特别喜爱的玩具；表达晚辈对长辈的敬重之情，可以选择鲜花、珍藏版的图书或者实用的物品；表达同辈之间的欣赏之情，可以选择实用的图书或饰品等。

1. 长幼之间

(1) 长辈给晚辈赠送礼物

现在的孩子基本上都是独生子女，社会交往比较少，繁重的课业压力也让他们少了许多应有的快乐，还有一些晚辈因为辈分的差异而对长辈产生敬畏甚至恐惧的心理，进而造成有问题不愿意和长辈交流，“代沟”越来越大。在节日来临之际，适当的小礼物能让晚辈感到温暖，有效地调节长辈和晚辈之间的关系，小小的礼物会让大家的心贴得更近。长辈给小辈赠送礼物，要根据不同的年龄来掌握区分，对已成年的小辈且不说，对于年幼的小辈，送礼还要针对他们的年龄、性别和不同的兴趣、爱好，包括其德、智、体的发展情况来选择。

在选择礼物时，要避免盲目，有所取舍，还可事先和晚辈之间进行沟通。长辈送礼尽量从晚辈的角度出发，让礼物既有意义又实用，这才是送礼的最高境界。

既然要送礼，总要知道晚辈们喜欢什么。既然是送给孩子的，价格就不宜太高。如果希望孩子休闲学习两不误，学习机、MP3 都是不错的选择。此外，手机也是不错的礼物，很多可爱而且价格不贵的手机产品送给青少年比较适宜，如果觉得手机不合适也可以送手表，有助于培养孩子的时间观念。

1）送给学龄时期小辈们的礼物。应以有利于帮助他们德、智、体全面发展的智力玩具、书籍和学习用品、运动器具等为最佳。例如，可给学龄前的幼儿买些像积木、拼板、游戏棋一类的智力玩具。可给将要上小学的小辈买个书包，或送些铅笔等文具用品。对于已经上学的孩子，可根据其年级的高低和实际需要，买些文具或工具书等。此外，还可以针对小辈的兴趣爱好，买些能促进他们发展特长的礼物，如给喜爱运动的孩子买些运动衣、球拍和球鞋等；给爱绘画的孩子买些画笔、画纸等；给爱看书的孩子送些课外读物等。这些礼物不仅本身具有积极意义，而且还会赢得小辈们的欢心。

2）送给学生晚辈的礼物。可以考虑一下晚辈都喜欢什么，要是送女生，最好送一些小的装饰品，比如手链、挂饰之类。送男生，可以送手表、背包等，但是选择的礼物不要体积太大，要让晚辈携带方便，而且有纪念意义。

3）送给参加工作的晚辈的礼物。当长辈的给参加工作的晚辈赠送礼物时，要既实用又节约，花钱不多、寓意深刻。不要给孩子买价格太贵的或不适合他们使用的物品，更不要以给他们钱作为礼物。总之，应使孩子们在接受了亲友长辈的礼物之后，能从中受到鼓舞，促使他们更好地努力工作。

（2）晚辈给长辈赠送礼物

家庭中小辈给长辈赠礼，首先要注意礼物的实用性，因为有些长辈平时养成了比较节约的习惯，对一些不太急需的用品往往舍不得购买，而当有人送来他喜爱又舍不得买的东西时，会感到非常的喜悦和满足。

晚辈给长辈赠礼，还要有针对性。最好能预先了解一下长辈的爱好和急需，然后再去购买。如果摸不清老人的偏好，也可直接向长辈探询，甚至可以利用自己的休息时间，请长辈一起上街去买。

切忌盲目送礼。有的小辈遇到长辈生日，就仿效别人送蛋糕，或买香烟、名酒，如果老人喜欢烟酒，血压又不高，当然会使老人高兴。可是，如长辈患有高血压、动脉硬化等病症，则是极不适宜的，还不如送一套精致的茶具，既能满足长辈的实用心理，又能留作永久纪念。

给年迈多病的长辈送物品，一般不要以钟、表为礼品，因为有的老人忌讳钟表有“终”的谐音，认为不吉利，从而很容易产生误解。

总之，小辈给长辈赠礼品，不在于礼物本身的贵贱，而在于赠礼的一片诚意。所以，无论赠送什么样的礼品，一般都会使长辈感到高兴。

知识链接——重阳节的礼物选择

重阳节是属于老人的节日，作为晚辈应怎样送去祝福呢？

• 可以选择较传统的礼物：如围巾、帽子、手套等不需本人试穿的礼物。天气转凉后，这些礼物正好可以马上使用，实用性强。

• 可以选择请老人吃饭，陪老人聊天这样贴心的礼物。由于晚辈工作原因，经常出门在外，可能你能为老人花很多钱，让他们有很好的生活品质，但是对于老人而言，更需要的是家人的陪伴，所以陪老人吃饭、聊天，会是送给老人最贴心的礼物。

• 可以选择较新潮的老人礼物，如一部可供老人使用的功能简单的手机或家用电话。不能经常和他们在一起，就送他们一部能够随时找得到你的手机，或许你的父母不善于表达他们对你的思念，但是一部电话能够让他们安心，知道你的一切，同时你也可以随时了解到父母的近况。

• 可以选择有利于健康养生的老人礼物，如按摩器、足浴器等。操劳了半辈子，应该让劳累的父母舒展一下筋骨了，但是如果说让父母亲去做按摩，估计没几个父母舍得花钱去做的 。但如果你给他们买回保健器械，他们就会做了。

2. 平辈之间

兄弟姐妹之间互赠礼物，往往也可起到增进感情的效果，这对家庭的愉快和幸福是十分重要的。平辈之间由于年龄相仿，共同话题较多，平日的交往也会比较频繁，互相之间也比较熟悉对方的喜好，互动交往中也比较随意、自在。

兄弟姐妹之间赠送礼物，往往比较容易挑选，因为你比较了解每个人的愿望和需要。例如，你的兄弟即将举行婚礼，在布置新房时少一盏台灯，而你特意花费一个休息日，买来了新颖别致的台灯，这时你兄弟的心情肯定会无比激动和愉快。再比如，你有个喜爱文学的妹妹，在她的生日时，如果送上几册中外文学名著，她也一定会感到这份礼物是收到的生日礼物中最为喜爱的。

如果礼品不好选定时，也可以直接向对方探询，甚至可以邀请对方一起去买。给平辈的亲友赠礼，同样要讲究礼品的选择，所赠的礼品要既不俗气又能表达情意。当今世界上有不少国家和地区的人们，迎送亲友都习惯以鲜花为礼物。因此，给平辈的亲友赠送鲜花，不失为一种理想的礼物。因为花是大自然的精华，是人们生活中美好事物的象征。当老同学结婚时，送上一束并蒂莲，可表示祝愿他们夫妻恩爱；给志同道合的朋友送上一盆万年青，可表示与对方的友谊持久长存等。

3. 夫妻之间

结婚是新生活的开始，而不是恋爱的终止。有人认为婚后的夫妻不需要太多的感情沟通，更没必要互赠纪念礼物，这种看法是不正确的。当人们结婚之后，随着情况的发展变化，夫妻双方的心理状态也在不断地发生变化，不可能不发生这样那样的矛盾。因此，夫妻之间就应当在长期共同生活的过程中，不断地相互适应和进行心理方面的调整，以使家庭生活达到美满和谐，而夫妻间时常相互赠送一些小礼物，也是调整夫妻关系的“润滑剂”之一。

夫妻间的赠礼，最成功的礼物通常并不是由其价格来决定的，而是赠与时让对方得到意料之外的惊喜。当然，人们也不可能经常给对方赠送这类“精神”礼物，譬如遇到结婚纪念日，各自向对方赠送些小礼品，以表示珍惜相互间的感情；配偶过生日了，买一样他或她平时极想得到的礼品，以示祝贺等。这样馈赠礼品，定会使两颗心总是感到十分融洽、十分温暖，哪怕只是一件微不足道的礼物，也会让对方感到满怀喜悦。丈夫还可以向妻子赠送鲜花，相信没有哪个女人是不喜欢鲜花的，可以选择玫瑰、百合，也可以根据妻子的喜好来决定送什么花。总之，夫妻之间赠送礼物的目的是为了让家庭关系更温馨、更和睦，让两个人的感情更甜蜜。

二、朋友馈赠

1. 礼品的选择

(1) 鲜花

鲜花是一种高雅的礼品，送花是现代人联系情感、增进友谊的有效途径。按照我国民间流传的习俗，凡花色为红、橙、黄、紫的暖色花和花名中含有喜庆吉祥意义的花，可用于喜庆事宜；而白、黑、蓝等寒色偏冷气氛的花，大都用于伤感事宜。因此在通常情况下，喜庆节日送花要注意选择艳丽多彩、热情奔放的花，致哀悼念时应选淡雅肃穆的花，探视病人要注意挑选悦目恬静的花。

知识链接——常见花的花语

• 玫瑰——美丽纯洁的爱情。紫玫瑰——珍惜的爱；绿玫瑰——纯真简朴、青春长驻；白玫瑰——纯洁与高贵；黑玫瑰——温柔真心；粉玫瑰——初恋，特别的关怀；黄玫瑰——深深的祝福、顺意、道歉、褪色的爱；红玫瑰——热恋、火热的爱；野玫瑰——爱情；蓝玫瑰——无法得到的东西、富有青春气息。

• 百合——纯洁、富贵、婚礼的祝福。白百合——纯洁、庄严、心心相印；粉百合——象征清纯、高雅；黄百合——象征财富、高贵；金百合——艳丽高贵中显纯洁；火百合——热烈的爱；野百合——永远幸福。

• 康乃馨——伟大、神圣、慈祥的母爱。红康乃馨——相信，信任；粉康乃馨——热爱、美丽；白康乃馨——爱永在、真情、纯洁；米康乃馨——伤感；深红康乃馨——热烈的爱；杂康乃馨——拒绝你的爱；紫康乃馨——任性、变幻莫测。

• 郁金香——爱的告白、祝福、永恒。白郁金香——纯情、纯洁；紫郁金香——无尽的爱、最爱；粉郁金香——美人、热爱、幸福；红郁金香——爱的告白、喜悦；黄郁金香——高贵、珍重、财富；羽毛郁金香——情意绵绵；双色郁金香——美丽的你、喜相逢。

• 菊花——清净、高洁、怀念、成功。黄菊——飞黄腾达；白菊——哀悼、真实坦诚；红菊——我爱你；翠菊——追想、可靠的爱情、请相信我；冬菊——别离。

• 牡丹——圆满、浓情、富贵。秋牡丹——生命、期待、淡淡的爱。

（2）食品

1）健康类。健康保健类食品，如虫草、花旗参、燕窝等这些比较名贵的滋补品往往是人们送礼的选择之一。

2）酒类。酒的外包装通常都很漂亮，里面的小赠品也非常精致，瓶子还可以摆在室内做装饰品，所以，如今送礼品时，各种酒都备受青睐。

3）茶叶类。送茶也是高雅的送礼方式，很容易被人接受，不落俗套。因此，现在的人们常常以茶作为馈赠的礼品，同时还显现着个人的文化修养。

4）其他食品类。其他类的食品如糖果、巧克力、蛋糕、面包、甜饼、进口咖啡、新鲜水果、冷冻食物、坚果、果酱和果冻等也是送礼选择的对象。

（3）实用品

选择适合私人使用的实用品可以以体现对方的爱好和兴趣为准则，也可以以有益于对方职业的实用品为选择准则。办公用的礼品也可以作为实用品来馈赠，如袖珍日历、相框、套笔、名片盒、办公文具盒、开信的工具、杂志或书籍等。

2. 馈赠的方法

送礼时，应落落大方，双手托捧礼品，边送上边说上几句问候的话。那种偷偷摸摸将礼品放在某个角落里的做法是很不礼貌的。必要时，还应协助受礼者将礼品打开，以示诚意。

收到别人的礼品，应双手捧接，并立即表示感谢，如果知道礼品比较贵重，最好当面拆开包装，原封不动地放在一旁是不对的，那会使人觉得你对别人送的礼品毫无兴趣，因而产生不愉快的感觉。即使收到的礼品不合心意，也应当像接受自己所喜欢的礼品一样，说上几句感激对方和赞美礼品的话。

3. 馈赠的时机

中国人一向重交情，互相送礼是一种友好的表现，这种礼尚往来是中国人的传统礼节。中国人在春节、新年、中秋、端午以及贺生日、贺结婚等，都有互相送礼的习惯。

除了礼节，一般来说，我们接到了请帖，便应送礼。但也有例外，如业务上联络的请帖，受请的人就无须送礼。其他情况下几乎是有请必送的，接到请柬而不送礼的情形很少见。至于礼要送多少才适合，并没有明文规定。多是交情浅礼薄，友谊深则礼厚。不过，有时礼薄也未必就是交情浅，如因为经济能力有限，即便送的礼金不多也都能得到谅解。

送礼还应该注意的是日期和地点。按照惯例，如果出席宴请，礼物必须在宴会举行之前送到主人家才表示恭敬，若临宴才送礼就有点失敬了。除非路途远，或接到请柬过迟才可以携礼赴宴。在家举行的小规模宴请，如老友或同事孩子满月之类，临时送礼也不足为怪。但是若遇婚嫁、大寿等大宴会就失礼了，至于事后补行送礼，是绝对禁止的。除非宴会举行时你不在本地，而对方又是老友，否则事过境迁，一切作罢。

礼物送到了就算表达了心情，至于赴宴与否，事前不一定非要通知主人。不过届时不到会、不赴宴多少会使主人认为有点不被看重。所以除非有特别重要的事无法抽身，还是按时到会为好。如确实有事或借题不赴会的，也应在宴会举行时致电主人并道歉，以免主人等候。

三、馈赠禁忌

送礼是大事，要使对方高兴才能达到目的。有时候你辛辛苦苦觅得一份礼物，却因为触犯对方的禁忌，而让对方不悦或者生气，那还不如不送了！

1. 数字禁忌

在我国有“好事成双”之说，故逢喜事送礼一定要送“双礼”。如送两瓶酒，送钱不能单数等。

很多人都忌讳“4”字，因“4”同“死”谐音。西方有些国家的人忌讳“13”，没有13层楼，没有13号房间，用“12A”来代替13层或13号。影院、会场、航班、宴席桌次等均没有13排、13座、13号等。每月的13日也是诚惶诚恐的日子。因此，你要给在这些国家长期生活过的海归送礼物的时候，就要有所注意。在选择礼物时，均应避开上述数字。

2. 颜色禁忌

中国人一般忌讳黑色，认为黑色是凶灾、哀丧之色，不吉利，故礼物不能用黑色纸包装。中国人多偏爱红色，认为红色是大吉大利的颜色，因此喜事均要用红色。

3. 物品禁忌

在我国，非常忌讳在婚礼时，送钟、送梨和送伞。因“钟”与“终”，“梨”与“离”，“伞”与“散”是谐音，很不吉利。

在我国台湾等地，手巾、粽子都是禁送之物。台湾俗语有“送巾断根”之说，非丧事一律不送手巾；台湾的居丧之家习惯既不蒸甜食，也不包粽子。如果以粽子赠人，会被误解为把对方当做丧家，所以非常忌讳。

4. 图案禁忌

在喜庆吉祥的日子，不要送带有猫头鹰图案的礼品，也不要有“魔鬼”“凶神恶煞”等图案。

第四节 待客与做客

学习目标

◆掌握待客的基本礼仪。

◆掌握做客的基本礼仪。

一、待客礼仪

1. 迎客

在客人到访前，主人要提前打扫门庭，以迎嘉宾，并备好茶具、烟具、饮料等，也可根据自己的家庭条件，准备好水果、糖、咖啡等，客人在约定时间到来，主人应提前出门迎接，客人来到家中，要热情接待，如在家中穿着内衣、内裤，应换上便衣，即使是十分熟悉的客人，也应换上便衣。

客人进屋后，首先请客人落座，然后敬茶、递烟、端出糖果。端茶送糖果盘时要用双手，并代为客人剥糖纸，削果皮，点香烟。

值得注意的是，现在很多家庭喜欢用一次性的纸杯招待客人，以示干净卫生，其实这种做法是不正确的。对于客人的拜访，主人应用最好的东西招待，而使用一次性纸杯显得没把客人的来访看得郑重，这对客人是不礼貌的。如果您和客人都觉得用一次性的纸杯放心，那么最好再准备几只漂亮的杯垫，这样正式一些，以显示出对客人的尊重。

2. 敬茶

我国自古以来就有来客敬茶的传统，并形成了相应的敬茶礼仪。按照我国传统文化的习惯，无论在任何场合，敬茶与饮茶的礼仪都不可忽视。

茶具要统一、干净、完美，主客坐定以后，主人取出茶叶，主动介绍该茶的品种特色，并将开水冲入空壶，使壶体温热。然后将水倒入茶盘中，用茶匙向空壶内装入茶叶，通常是按照茶叶的品种决定投放量。切忌用手抓茶叶，而是要倒，以免因手气或杂味混淆而影响茶叶的品质。民间有茶满欺人的说法，所以倒茶时茶水有八分满即可，敬茶茶杯应放在客人右手的前方，请客人喝茶时，要将茶杯放在托盘上端出，并用双手奉上。当宾主边谈边饮时，要及时添加热水，体现对宾客的敬重。

3. 送客

客人告辞，一般应婉言相留。客人要走，应等客人起身后，再起身相送，不可客人一说要走，主人就马上站起来。“出迎三步，身送七步”是迎送宾客最基本的礼仪。

送客一般应送到大门，有些客人常常会带礼物来，对此，我们送客时应有所反应，如表示谢意，或请求客人以后来访不要再携带礼品了，或相应地回谢一些礼物。绝不能若无其事，毫无表示。与客人在门口、电梯口或汽车旁告别时，要与客人握手，目送客人上车或离开，要以恭敬真诚的态度，笑容可掬地相送，不要急于返回，应鞠躬挥手致意，待客人移出视线后，才可结束送客仪式。

在日常生活中，访友、做客是一种常见的交际形式，是联络感情、增进友谊的一种有效的方法。

二、做客礼仪

做客，一般是因为接受别人的邀请探访别人，目的是沟通感情、交流思想等。即使这样，也要尽量选择一个方便朋友接待的时间，避免在朋友特别繁忙或休息的时间登门拜访。不要做不速之客，应尽可能事先约好时间，以免扑空或打乱对方的日常安排。如因特殊情况不能到访，一定要设法通知对方，并表示歉意。轻易失约或早到、迟到等都是不礼貌的。

1. 注意仪表

仪表是指人的外貌，是一个人精神面貌的外观体现。一个人的卫生习惯、服饰特点与形成和保持端庄、大方的仪表有着密切的关系。在拜访之前，一定要审视一下自己的仪表。

首先，要注意个人卫生。清洁卫生是仪容美的关键，也是礼仪的基本要求。不管长相多好，服饰多华贵，若满脸污垢，浑身异味，则必然会破坏一个人的美感。因此，每个人都应该养成良好的卫生习惯，在拜访他人之前更要搞好个人卫生。

其次是服饰。服饰反映了一个人文化素质的高低，审美情趣的雅俗。具体来说，拜访者的服饰既要自然得体，协调大方，又要遵守某种约定俗成的规范或原则。服装不但要与自己的具体条件相适应，还必须时刻注意客观环境、场合对人着装的要求，即着装打扮要优先考虑时间、地点和目的三大要素，并努力在穿着打扮的各方面与时间、地点、目的保持协调一致。

2. 准时赴约

做客之前，一定要记牢对方告知的时间地点，不要轻易忘记，做个守信的人。如果你的时间观念不是很强，不论因什么原因迟到，都会影响你在对方心目中的形象。所以在时间、地点确定以后，就一定要把交通路线、路况等情况摸清楚，出发时还要考虑到意外因素，确保在预定的时间内到达指定地点。切记只可稍有提前，但不可迟到。

3. 谈话技巧

（1）不可喧宾夺主

无论在什么情况下，都要清楚自己是在做客，除了要表达自己的感谢之意外，还要展现自己谦虚、礼让等文明素质。切不可不顾别人的感受，只要得到说话的机会，自己大讲特讲，夸夸其谈，喧宾夺主。也不可在别人说话的时候，打断别人说话。

（2）适当的寒暄后尽快进入正题

做客期间，你如果有事情要办，就要选择时机尽快将谈话引入正题，清楚、准确、简练地表达你要表达的意思，而不要没完没了地闲扯。因为对方可能很忙，即使不忙也不会愿意花时间听一些闲扯的话题。

（3）注意语气和态度

跟主人谈话时，语气要客气，态度要诚恳、亲切，声音大小要适宜，语音要平和沉稳。要注意认真倾听，不要辩解或不断打断对方说话。即便你有其他意见，也要待对方把话说完你再说。即使和主人意见不一致，也不要争论不休。

（4）注意谈话姿势

谈话的姿势也会反映一个人的性格、修养和文明素质。所以在交谈时，首先要注视对方，互相倾听，不能东张西望，看书看报，面带倦容，哈欠连天。也不能跷着二郎腿，或者边走边说。各种肢体语言不要过多，幅度也不要过大。否则会给人留下心不在焉、傲慢无礼的不良印象。

思 考 题

1. 怎样把握握手的时机？
2. 有哪些情况禁忌握手？
3. 自我介绍有哪些注意事项？
4. 自我介绍的方式有哪些？
5. 宴请时要注意哪些基本礼仪？
6. 赴宴的常规礼仪有哪些？
7. 赴宴时餐桌上有哪些基本礼仪？
8. 亲属间馈赠一般的礼仪有哪些？
9. 朋友间馈赠的礼仪有哪些？
10. 馈赠禁忌有哪些？
11. 迎送客人分别有哪些基本礼仪？
12. 做客有哪些基本礼仪？

第三章　语言规范与技巧

本章导读

语言是人们相互联系的桥梁与纽带，是人们相互沟通和表达思想最重要的交际工具。本章的学习目的就是帮助大家掌握必要的语言规范和运用技巧，用语言搭建起和谐的人际关系，进而构建和谐稳定的社会关系。

第一节　称　　呼

学习目标

◆了解并会使用与亲属、熟人、一般关系人的规范称呼。

◆掌握并在工作中使用规范的称呼。

◆掌握社交中的规范称呼和文明用语，营造良好的人际关系。

称呼是人们在社会交往中所采用的彼此之间的称谓语，选择准确、敬重的称呼，既能体现对对方的尊重，又能反映自身的修养。因此在社交活动中要十分注意称呼礼仪。

一、生活中的称呼

1. 对亲属的称呼

对亲属的称呼可根据不同的情况采取敬称或谦称，但必须合乎常规，合乎礼仪。

对本人的亲属可采用谦称，对辈分或年龄高于自己的亲属，可在其称呼前加“家”字，如“家父”“家叔”“家兄”等，对辈分或年龄低于自己的亲属可直呼其名，或使用其爱称，在家庭内直接称呼时，不必加“家”。

对他人的亲属应采用敬称，对其长辈可在其称呼前加“尊”字，如“尊母”“尊兄”等，对其平辈或晚辈，可在称呼前加“贤”字，如“贤兄”“贤妹”“贤侄”等。

2. 对熟人的称呼

对长辈和平辈称呼时，应用“您”来称呼，以表示对对方的尊敬之意。称呼德高望重的年长者和资深人士时，可在其姓名后加“公”或“老”字，如“李公”“陈公”“张老”“王老”等。

对有身份者和年长者，可用“先生”相称，并在“先生”之前加上被称呼者的姓氏，如“郑先生”“唐先生”等。

对邻居、至交可以用类似有血缘关系的称呼来称谓，以示亲切，如“大爷”“伯伯”“阿姨”“大姐”等。

平辈之间、熟人之间，可以直接以姓名来称呼对方。为了表示亲切，可以在被称呼者的姓氏前加上“老”“大”“小”字，而不直呼其名，如“老柳”“大罗”“小张”等。

3. 对一般关系人的称呼

在日常社交中，对只有一面之交、关系普通的交往对象，一般以“同志”“先生”“女士”相称，也可以其职务、职称和姓氏相称。

二、工作中的称呼

工作中的称呼方式主要有以下几种：

1. 职务与职称称呼

职务性称呼具体有三种情况：一是仅称呼其职务；二是在职务前加其姓氏；三是在职务前加其姓名。

职称性称呼具体也有三种情况：一是仅用职称称呼；二是在职称前加上姓氏；三是在职称前加上姓名。

2. 姓名与性别称呼

在工作岗位上称呼姓名，一般限于同事、熟人之间。

对于从事商业、服务性行业的人，一般约定俗成地按照性别的不同分别称呼“小姐”“女士”或“先生”。“小姐”是称未婚女性，“女士”是称已婚女性。

3. 行业性称呼

在工作中，有时可按照行业进行称呼。对于从事某些特定行业的人，可直接称呼对方的职业，例如：老师、医生、会计、律师等，在较正式的场合，最好在职业前加上姓氏。

无论是日常交际还是身在职场，对他人的称呼首先要符合对方的身份，当清楚对方的身份时，既可以对方的职务相称，也可以对方的身份相称。当不清楚对方身份时，可采用以性别相称，例如：“某女士”“某先生”，这也算是得体的称呼。其次，称呼还要注意到年龄方面，当称呼比自己年长者时，一定要体现出尊重的态度，不应直呼其名，可敬呼“老张”“老王”等。当尊称有身份的人时，可将“老”字与其姓相倒置，如“张老”“王老”，这样显得更加得体，对方听起来也悦耳。当称呼同辈的人时，可称呼其姓名，有时甚至可以去姓称名，但要态度诚恳，体现出真诚。当称呼年轻人时，可以在其姓前加“小”字，或直呼其姓名，但要注意谦和、慈爱，表达出对年轻人的喜爱和关心。

用好称呼有利于沟通，一句亲切的称呼，一句良好的问候，往往一下子就拉近了彼此的距离，彻底消除了沟通的障碍。所以，不要小看交际中的称呼礼仪。

三、社交称呼

社交称呼一般有以下几种方式：

1. 用敬称来称呼

通常使用的词语有“您”“您老”“您老人家”“君”“公”等。称呼长辈时，应用“您”字或“您老”“您老人家”等。对德高望重的年长者、资深人士进行称呼时，可在其姓氏后加“公”或“老”，如“王公”“巴老”。

对有身份者和年长者，也可以“先生”相称，或在“先生”前加上被称呼者的姓氏，如“李先生”“季先生”等。对文学界、教育界的人士，以及有成就者和有身份的人，都可称其为“老师”，或将“老师”一词加在其姓氏后，如“李老师”“张老师”等。

2. 亲近的称呼

对邻居、年长者、至交，有时可以用类似血缘关系的称呼来称谓，如“大爷”“大娘”“叔叔”“阿姨”。在这类称呼前也可以加上姓氏，如“王大爷”“李大姐”等。

3. 用姓名的称呼

一般有以下几种情况：

平辈之间、熟人之间，可以直接用姓名来称呼对方，如“张小华”“何颖”等。但要注意，这类直呼姓名的称呼只能用在长辈对晚辈或平辈之间，而晚辈是不能对长辈直呼其名的。

在这种称呼方式中，为了表示亲切，也可以在被称呼者的姓氏前分别加上“老”字或“大”“小”而不呼其名。如对年长者，可称其“老张”，对同辈，可称其“大王”，对年幼者，可称其“小黄”等。

对同性的朋友、熟人，如果关系极为密切，可以不称其姓，而直呼其名。如“天宇”“文涛”等。而对异性，则一般不能这样称呼，要直接称呼其姓名，如“刘文华”“张美玉”等。如果对异性只呼其名，不称其姓，那就意味着彼此不是家人，就是恋人或配偶。否则，会让人感到失礼。

知识链接——称呼禁忌

- 避免使用错误的称呼，如将未婚女性称为“夫人”等。
- 不要使用过时的称呼，如用“长官”“大人”等称呼政府官员等。

• 避免在异地使用地域性称呼，否则容易造成误会。如山东人喜欢称人“伙计”，南方一些地方喜欢将小孩子称为“小鬼”，湖南人喜欢将妻子称为“堂客”等，这些对不同地区的人来说就容易造成误会。

• 不要使用不当的行业称呼。一些特定行业的称呼在其他行业使用，不但不能表示亲近，还会令人产生反感。

• 避免使用庸俗低级的称呼，如在正式场合，不能使用“兄弟”“哥们儿”“姐们儿”等一类的称呼。

• 不要使用绰号称呼，使用绰号称呼常会使人感觉不礼貌、不尊重。

• 不要使用侮辱性、歧视性的称呼。

第二节　交　　谈

学习目标

◆掌握交谈的技巧和注意事项。

◆掌握常用的“问候语”和“寒暄语”。

◆掌握交谈中问答、插话、批评建议、拒绝等的基本技巧。

◆掌握与不同人交谈的礼仪。

一、交谈的开端

良好的开端是成功的一半，在进行交谈前，要能够准确地进行问候，并掌握合适的寒暄用语。

1. 准确问候

良好的问候语能够迅速地拉近交流人之间的距离。一般而言，针对不同的场合、不同的对象，要使用不同的问候语，见表3—1。

表3—1　　不同场合（对象）的问候语

序号	场合/对象	问候语
1	敲门时	“××在家吗？”“房间里有人吧？”
2	见面时	“您好！”“能见到您好高兴！”

续表

序号	场合/对象	问候语
3	初访者	“啊！一直想来拜访您，今天如愿以偿了！”“初次登门，就劳您久等，真不好意思！”
4	重访者	“好久没来看你了！”“我们这么快又见面了，你比我上次来更显年轻了！”
5	回访	“上次劳您陪了我一天，今天登门拜谢来了。”“你上次刚走，我就想，无论如何要来谢谢您！”
6	礼仪性到访	“一直没有机会登门拜访，今天给您拜年来啦！”“好久不见，借你高升，给老朋友贺喜来了！”
7	事务性会面	“小张，无事不登三宝殿，求您帮忙来了！”“小姜，你要我办的事，有眉目了。”
8	不速之客	“真抱歉，没打招呼就跑来了。”

2. 适时寒暄

寒暄语是人际交往中双方见面时叙谈家常的应酬语言，它有助于互相了解，应当体现出对他人真诚的关切，不应是虚情假意的客套。

（1）寒暄语的作用

1）自然引出话题。寒暄的内容常为天气情况、工作和学习情况、身体情况和亲友近况等。寒暄语切入自然，下一步的谈话会更加顺利。

2）建立认同心理。适当的寒暄会对整个见面起到桥梁的作用。通过寒暄，双方的心理距离会有效地缩短，认同感很容易建立起来。

3）创造和谐气氛。有了自然而得体的话题，有了认同感，再加上寒暄时诚恳、热情的态度、语言、表情以及双方表现出的对寒暄内容的勃勃兴致，和谐的交际气氛也就自然地营造出来了。

（2）寒暄语的形式

1）询问式。在大多数场合，一句“你（您）好”，是最简单而实用的问候式寒暄了，但如果你觉得过于平常，就可以从对方的年龄、职业、家庭等角度出发，把问候式寒暄表达得更具体一些。根据具体的人和事进行有针对性的问候，对于密切双方关系、增进彼此友情都能起到良好的作用。

2）夸赞式。抓住对方即时即地的“闪光点”，适度称赞对方。

3）描述式。是指针对具体的交际场景而发出的寒暄，对方正在做什么事、刚完成什么事或即将做什么事，都可以成为描述式寒暄的内容。

4）感受式。即对周围环境中不同寻常的地方，发表自己的感受和看法。

二、交谈的基本原则

1. 以诚为本

在与人交谈的过程中，态度决定结果。态度诚恳、真诚、热情往往可以拉近彼此间的距离，使人感到格外亲切自然，感情也会有所升华。此时，你提出的意见或建议也易被对方接受。反之，如果你以虚情假意、盛气凌人的态度对待他人，出现“话不投机半句多”的局面也就不足为怪，这样双方都可能陷入尴尬的境地。

在交谈中，神态要专注，不要左顾右盼，也不要频频看表。如果确实有要紧事，不妨实话实说，这比心不在焉更容易被人接受。

2. 目光交流

交谈时，看着对方的眼睛说话是尊重他人的表现。任何人都不希望与自己说话的人东张西望、似听非听。

如果在与人谈话时能注视对方的眼睛，往往可以给对方留下深刻的印象，并将自信真诚通过眼神传达给对方。相反，如果与对方说话时，眼睛四处游离，视线飘忽不定，对方会认为你缺乏自信心，甚至会误认为你不尊重他。此时，你在他心目中的印象也就可想而知了。

为了表现诚意，在说话时要养成注视对方眼睛的习惯，特别是想说服某人的时候，更要注视对方的眼睛说话，这样不但能为你增添自信，还可以帮助你观察对方的心理变化，为成功说服对方创造条件。有些人在说服他人时，喜欢看着地板，这是信心不足的表现，这样你不但把懦弱的一面表现给了对方，还削弱了说服效果。

总之，看着对方的眼睛说话是自信的表现，是尊重他人的表现，也是礼仪规范的要求。当你养成直视对方眼睛说话的好习惯时，你会发现自己是最棒的，成功离你很近。

3. 语言规范

交谈时，应使用简洁、明了的语言，既不要说粗俗的话，也不要故作高深，满嘴之乎者也。要注意语言使用的规范性，主要体现在以下三点：

（1）语言文明

在交谈中一定要使用文明而优雅的语言。换言之，不文明、不优雅的话则不能去说。粗话、脏话、黑话、荤话、怪话、气话等都是在交谈之中应避免的，更不能在交谈时进行人身攻击。在社交场合中，往往会出现这样的情况：由于双方意见不能统一，于是为了维护自身利益，双方便针锋相对地展开了人身攻击，这是十分不礼貌的行为。无论在什么情况下，都不应该把别人的缺陷当把柄，打击他人的自尊心。这样不但容易使人产生沮丧、痛苦、自卑等消极情绪。还会在其内心埋下一颗嫉恨的种子，说不定什么时候就会开花结果。

（2）语言礼貌

在交谈中多使用礼貌用语，是博得他人好感的最为简单易行的做法。所谓礼貌用语，简称礼貌语，是指约定俗成的表示谦虚恭敬的专门用语，如“劳驾”“拜托”“打扰”“谢谢”“对不起”等。

（3）语言准确

在交谈中，语言必须准确，否则不利于各方之间的沟通。需要注意的主要方面有：发音准确，语速适度，口气谦和，内容简明，少用土语，慎用外语等。

4. 理性对待

（1）虚心接受他人意见

在社交场合中，如果有人向你提出某些意见或建议，要虚心接受，即使你对这一问题有精辟、独到的见解，也不能以居高临下、毋庸置疑的口吻否定别人的看法，否则对方会认为你自高自大、自以为是。要用虚心的态度接纳他人的意见或建议，即使对方的看法欠妥，也要用委婉的口气、平和的态度向对方说出自己的见解，并请对方给予指点。这样，即便双方意见不一，也不会出现僵局，破坏交谈气氛。

（2）适时道歉，保持风度

双方在交谈过程中，有时所谈内容难免会刺激对方，如果感觉话语不对了，就应该及时向对方赔礼道歉，请对方给予谅解。一般情况下，只要你不是存心伤害他人，对方会原谅你的。

5. 善于赞美

赞美他人，是对他人的一种肯定。每个人在心理上都会有一种得到肯定的期待。交谈中若能适度地赞扬对方几句，就容易使对方产生亲和心理，这种亲和心理既可成为接受对方意见的起点，也可成为转变态度的开始，这一点在交谈中尤为重要。

生活中任何人都愿意听到别人的赞美。听到夸奖时，心情都会特别愉快，如果我们能多说一些令人愉悦的话，多做一些令人快乐的事，生活会更加美好。那么怎样才能在交谈中很好地运用赞美技巧呢？以下几点值得注意：

第一，赞美别人，就要善于发现别人的长处和优点。每个人都各有所长，这是一个人引以为荣的事，自然渴望得到别人较高的评价。生活中我们需要赞美别人，它具有无可替代的力量。真诚的赞美，是你送给别人的玫瑰花。对于别人，他的优点因你的赞美而更加光彩，而你在给予别人赞美的同时，也会使你自己活得更潇洒、自在和充实。

第二，赞美别人、展现真我，可以打破谈话的僵局，并消除对方的紧张心理。让自己拥有更宽广的胸怀，不仅使你身心更健康，而且会让你获得真挚的友谊和良好的人际关系。

第三，赞美别人是一种有效的情感投资，而且投入少，回报多，是一种非常符合经济原则的行为方式。对领导的赞美，让领导更加赏识与重用你；对同事的赞美，能够联络感情、愉快合作；对下属的赞美，能赢得下属的忠诚，换得他们的工作热情和创造精神；对商业伙伴的赞美，会赢得更多的合作机会和利益空间；对妻子或丈夫的赞美，使夫妻更加恩爱；对朋友的赞美，能赢得真挚的友谊。

第四，赞美是把肯定和敬重献给别人，但是有些人往往只把目光倾注在自己身上，常常忽视别人的需要。男人与男人之间，女人与女人之间，由于相似点很多，常常很难欣赏对方的优点，同行间也是这样。这就更应该主动增强发现和赞美他人优点的意识。

第五，要赞美他人引以为荣的事情。在每个人的人生道路上，都有无数让其引以为豪的事情。真诚地赞美这些事情，可以使你更好地与他人相处，可以使他人容易接受你的建议，可以使他人感到幸福。对于一位老师，最希望别人称赞他教过的学生。对于一位默默无闻的母亲，你可以称赞她很有出息的孩子。对于一位老人，你可以赞颂他一生事业的成功之处。

第六，善于从小事赞美别人，不仅可以给人惊喜，而且可以给人留下你很在意对方，明察秋毫、体贴入微的印象。

6. 善用幽默

幽默在交流中的作用是不可低估的。幽默能使人感到轻松愉快，而这又恰恰是提高人的大脑及整个神经系统的张力和充分发挥潜力的必要条件。同时，幽默还可以掩饰失误、活跃气氛，使沟通效果更趋完美。

知识链接——幽默在失言中的运用

失言是指不该对某些人说某些话或在无意中说了不该说的话。在正式的交际场合失言，是令每一个人都感到尴尬的事。失言不但可能引起误会和不快，还有可能被对方抓住把柄，丧失在交流中的主动地位。其实，失言虽然不可避免，但是也并没有想象得那么可怕，只要积累经验、掌握技巧，就能够在一定程度上挽回失言所带来的不好影响，甚至会产生出乎意料的特殊效果。以下为通过幽默的方式纠正失言的几种方法：

第一，借题发挥。错话一旦出口，就要通过适当的致歉之后转移话题，有意借着错处加以发挥，以幽默风趣、机智灵活的话语改变场上的气氛，使听者随之进入新的语境中去。再借题发挥，借机大做文章，为自己的错话寻找最佳的解释。

第二，曲解翻新。将一些现成的诗词、成语、俗语、歇后语、名言等有意曲解，翻出新意，以掩饰自己言语中的某些疏漏。在这种情况下，说错者不仅容易取得对方的谅解，而且会因幽默诙谐、机智风趣赢得对方的好感。

第三，及时转移话题。在可能的情况下应对刚刚说出口的错话及时地改口，及时转移话题。这在一定程度上可起到避免当面丢丑的作用，不失为补救失言的有效手段。但是这需要发现及时，同时转移话题也需要巧妙的语言技巧，否则要想化解难堪局面也是困难的。

7. 学会聆听

交谈是一种双向互动的行为，是“说”与“听”的配合。注意倾听别人的谈话是建立良好人际关系的必要条件。同他人交谈时，应时刻不忘尊敬对方，在礼仪上尽量做到得体到位，善于聆听。

首先，当与别人谈话时，应目视对方，全神贯注，还可以通过点头、微笑及其他肢体语言的运用表达对对方及谈话内容的重视。对外界造成的种种干扰，要尽量做到视而不见、听而不闻。当主观上产生心理干扰时，也要尽量控制。一个出色的聆听者，本身即具有一种强大的感染力，能够引起对方的谈话兴趣。

其次，聆听是一种艺术，是一种态度，听者不能毫无反应，而应随着谈话者情感和思路的变化而呼应配合。当对方讲到精彩之处时，可以鼓掌响应；当对方讲到幽默处时，可以笑声配合；当对方讲到紧张处时，要避免弄出声响；当交谈者所表达的观点与自己的观点一致时，还可以轻轻点头以示赞同。呼应配合在某种程度上可以极大地调动说话人的情绪。在别人说话时一边听一边点头或随声附和几句，会让对方觉得你在认真地听他说话，这就是所谓聆听的技巧。一般情况下每个说话的人都是一边观察听者的表情，一边适时地改变话题或提高声音，让听者理解自己的主张和看法。因此，如果表现出认真聆听的态度，说话的人会获得安慰和满足的感觉。

最后，聆听对方谈话，弄清其意图是最重要的。要善于捕捉对方的话外之意，要注意弄懂对方话语的内在含义和主要思想观点，切不可自以为是，以免曲解或误会对方的本意。为使信息接收得更准确，对一些重要观点意见的理解，最好能得到对方的认可，比如“你的意思是说……”“我理解你的意思是……”，如果符合对方的意图，便会得到肯定，如果不符，对方会给出解释。如此，还会给对方留下一种你听得很认真的印象。

三、交谈的话题

在社交场合中，不要窥探他人隐私，应谈一些双方都感兴趣的话题。伤感、丧气的话题应尽量回避，否则容易破坏交谈气氛，使对方联想到自己的不幸，对办事没有任何好处。注意：如果你无意间提及伤感话题，应该主动、及时地向对方道歉，请求对方原谅。

1. 宜谈话题

(1) 双方擅长的话题

在平常与人交往中，交谈的内容应当是自己或对方所熟知或者擅长的内容。只有选择自己所擅长的内容，才能在谈话中得心应手，并令对方感到你的谈吐不俗，对你刮目相看。选择对方所擅长的内容，则既可以让对方一展身手，调动其交谈的积极性，也可以借机向对方表达自己的谦恭之意，并可取人之长，补己之短。应当注意的是，无论是选择自己擅长的内容，还是选择对方擅长的话题，都不应当涉及另一方一无所知的内容，否则，便会使对方感到尴尬难堪。

(2) 轻松的话题

在交谈的过程中，要有意识地选择那些能给交谈对象带去开心与欢乐的轻松话题。除非必要，切勿选择那些让对方感到沉闷、压抑、悲哀和难过的内容，因为这些话题会让人心情烦闷。

(3) 高雅的话题

闲暇之余，谈话最好选择那些高尚、文明、优雅的内容，例如哲学、历史、文学、艺术、风土人情、传统、典故，以及政策国情、社会发展等话题。不应谈论庸俗低级的内容，如男女关系、凶杀惨案，更不应该参与传播小道消息或道听途说来的“新闻”，因为从谈话内容也可以看出一个人的品位。

2. 忌谈话题

谈话时不要提及应回避忌讳的内容。在各种交谈之中，有下列几类具体的话题理应忌谈：

（1）个人隐私

个人隐私，即个人不希望他人了解之事。在交谈中，若双方是初次交往，则有关对方年龄、收入、婚恋、家庭、健康、经历等一类涉及个人隐私的话题，切勿加以谈论。

（2）捉弄对方

在交谈中，切不可对交谈对象尖酸刻薄、油腔滑调、乱开玩笑、出口无忌，更不要挖苦对方或调侃取笑对方，成心要让对方出丑或是下不了台。

（3）非议旁人

有人喜欢在交谈之中传播闲言碎语、制造是非、无中生有、造谣生事，非议其他不在场的人。其实，人们都知道“来说是非者，必是是非人”。

（4）主题消极

在谈话之中，不应谈论消极的主题。例如，违背社会伦理道德、生活堕落、思想反动、政治错误、违法违纪之类的主题，都应避免。

（5）令人反感

有时，在交谈中因为不慎，会谈及一些令交谈对象感到伤感、不快的话题，以及对方不感兴趣的话题。这就是所谓令人反感的主题，不幸碰上这种情况出现时，应立即转移话题。

四、交谈的技巧

1. 问答

（1）提问

在交际活动中，一个问题提出来，既决定了对方说不说、说什么和怎么说，也决定了双方的交谈程序和交际气氛。所以，提问是一种控制能力，是一种语言技能技巧。

1）控制谈话气氛。两人谈话时，气氛是紧张还是融洽，对交际效果很有影响，而交际气氛可由提问的问题和方式来控制。

2）控制问答过程。有时人们提问不是要对方解疑，而是要对方听自己表达，这就有个由自己提问到自己表达的转变过程。有两种方法可以控制这个过程，一是诱导提问法，即用一个问句诱导对方说出要他说的话，然后接过话头，表达自己要表达的意思；另外一种是步步设问法，即不立刻说出自己的观点，而是连续设问，让对方顺着自己的思路做出肯定的答复，最后服从自己的思想。

3）话题的选择。问什么，怎么问，话题的选择是一大关键。要使对方乐于答话，就应选他擅长的来说，提问也是如此。

4）用词的选择。如饮食店的服务员问顾客：“您今天要些什么？”而不问：“您要些什么？”加个“今天”，就把顾客看成了老主顾，使顾客心里热乎乎的。

5）句式的选择。问句按句式分为是非问、选择问、一般问和特殊问等。如有家咖啡店的可可里可以加鸡蛋，售货员就常问顾客：“要加鸡蛋吗？”后来在一位交际关系专家的建议下改问：“要加一个鸡蛋，还是加两个鸡蛋？”结果销售额大增。

（2）应答

在日常生活的交谈中有问就应有答，提问者所提的问题，对应答者的回答设置了一定的约束。而许多提问者正是想利用提问的约束，使谈话限定在对己有利的境地。应答者如何应对，才能摆脱制约、后发制人呢？

1）冲破框框说本意。提问者常常有意无意地设置了无形的框框，如果顺着他设置的情况去思考问题，就落入了圈套。巧妙的应答就是要冲破提问者给你设置的思维框框，照直表达自己的原意。比如卖东西的不是问你：“您买不买？”而说：“您买几斤？”直接把你置于“买”的境地，如果顺着他的思想应答，就该考虑买多少了。所以，你的思维要冲破框框，从自己的本意出发思考问题的答案。

2）避重就轻化解锋芒。有时提问者的目的，不在于问题的解答，而是另有意图，这时就要避开那些具体、尖刻的实质性内容，淡化问题，化具体为抽象、化准确为模糊，看似对问题缺乏理解，实则避其锋芒。

3）避实就虚答非所问。回答时故意避开提问者问题的“本意”而从问题“表面”含义的另一个角度去回答提问者。

2. 圆场与插话

（1）打圆场

打圆场，是指交际双方因为某种原因产生误解、不快、尴尬或即将引发不必要的争端时，第三者及时适宜地出面，把此事向好的、有利的、愉快的方面加以解释，以促进人际和谐，把双方的矛盾“扼杀”在“摇篮”中的一种方法。

在交际活动中，由于交际双方彼此缺乏了解以及种种突发事件的影响，往往会导致尴尬或僵持场面的出现。这个时候如果没有人站出来打圆场，就很可能引起一方或双方的不快，干扰事情的正常推进，甚至影响到彼此的关系和友情。由此可见，在交际中把握对方的心理，审时度势，然后凭借恰到好处的解说来化解尴尬与僵局，确实是一项重要的能力。

1）强调事件的合理性。人们之所以在交际活动中陷入窘境，常常是因为在特定的场合做出了不合时宜、不合情理或有辱身份的举动。而旁人又往往不便直接指出这种举动的不合理性，于是进一步导致了整个局面的尴尬或僵持。在此情形下，最行之有效的打圆场方法莫过于找一个视角或借口，以合情合理的依据来证明对方的举动在此时是正面的、无可厚非的。这样一来，个人的尴尬解除了，正常的局面也就得以继续下去了。

2）肯定各方的价值。当交际的各方因彼此不能满足对方的条件而争执不休时，作为调解者应理解争执各方此时的心理和心情，不要轻率地厚此薄彼，以免加深各方的不满情绪。正确的做法是只强调各方的差异，并对各自的优势和价值予以肯定，以此在一定程度上满足他们自我实现的愿望。

3）把事件加以善意的曲解。在交际活动中，交际的双方或局外人由于彼此不甚了解，常常会做出一些让对方迷惑不解的举动，导致尴尬、紧张场面的出现。为了扭转此种局面，可以采用故意曲解的策略，假装不明白尴尬举动的真实含义，而给出有利于局势好转的理解，进而一步步将局面朝有利的方向引导过去。

（2）插话

在一定的社交场合，要想对他人施加影响，提高自己的影响力，必须能以适当的方式接上他人的话茬。要想参与到他人谈论的话题中去，阐述自己的观点，并使你的插话不但不被讨厌，还能受到欢迎，需把握以下几点：

1）适时发言。发言要善于见缝插针，首先要抓住交谈节拍，抓住了节拍，插话就显得协调、合拍，就等于驾驭了交谈局面。其次要把握时机，插话不是争话，不能压住别人的话头硬要发表“高见”，这样会令人反感。因此要等别人把话说完，在交谈的空隙处及时发话。同时要注意，当交谈进入你最熟悉、最有真知灼见的内容时，千万不要失去机会，说就要说得别人心服口服，无关紧要的话不说也罢。

2）恰当自然。交谈是多边的交流活动，作为谈话中的一员，谈话内容应服从于统一话题，不能岔开话题。插话可以从前面的谈话中抓住一点作为源头，将别人的话做一小结，然后发表己见，把话题推向实质性阶段。

3）以商谈的口气。插话应以交换意见的语气进行，谈自己的认识还是多用些“我以为”“我觉得”较好，可增加交谈的探讨气氛，盛气凌人的气势只会把交谈推向争论。

4）观点独到新颖。插话应根据交谈的特定语境，选择独特的角度，发表独到的见解，力求给人耳目一新的感觉。此言一出，大家听得入迷，就能激起大家的谈兴，并把话题引向纵深，从而给人留下深刻的印象。老调重弹、人云亦云很难吸引别人。

3. 表达不满与批评

（1）表达不满

在日常生活、工作和社会交往中，人们总会遇到一些不合理的要求，一些不妥当的行为也令人不满。这种不满如能巧妙地表达出来，既能表明自己的态度，又能使对方有所领悟。若处理不好，就会破坏和谐的人际关系。

1）幽默提醒。幽默是人际关系的润滑剂，有时利用幽默表达对对方的不满，是一种比较好的方法。有这样一则小幽默：一位爱挑剔的女士点了一份煎鸡蛋：“蛋白全熟，蛋黄要全生，还必须能流动，油不要多，盐要少放，加点胡椒，还有，一定要是一个乡下快活的母鸡生的新鲜蛋。”“请问一下”，服务员温柔地说：“是否必须在大医院产房里生的?”这里的服务员就采用了幽默的方法表达了对那位女士的不满。

2）委婉点拨。即不直言相告，而是从侧面委婉地“点拨”对方，使其明白别人的不满，打消不当的念头。如某单位的一个青年对一个同事说：“小王太顽固了，这种事何必这么认真，他对你这样太过分了……”这位同事听了很反感，说：“咱们俩都是君子，对别人的是非咱不背后评论，你说对吧?”这样当面表达不满就比较委婉。

3）直言相告。即开门见山地指出对方言行的不当，直截了当地表达自己的不满。一般来说，由于这种方式过于直露，对双方关系会有较大影响，应谨慎使用，且要注意对象。对于性格比较外向，而且不知趣的人，不妨可以用一下。

（2）批评

批评往往使对方产生一种对立情绪，可能会影响其目的作用的实现。为了使批评言之贴切，容易被对方接受，我们有必要把批评包装一下，因为没有人喜欢受到批评，涵养再高的人，在内心里也是讨厌被批评的。正因如此，如果批评的方式不得当，就很容易给双方的关系和工作带来消极的影响，真正做到恰到好处地批评无疑是一门学问。这要求批评者主要注意以下几点：一是拉近双方的心理距离，营造坦诚相见的良好气氛。二是批评的方式应尽量含蓄，避免直接揭别人的疮疤，戳到别人的痛处。三是批评中应包含更多的肯定和鼓励，不要让对方感到自己一无是处。四是以身作则是最好的选择。

1）自我批评法。在批评他人之前先谈一谈自己从前做过的类似的错事，一方面可以为对方提供活生生的例证，让他从这例证中认识到犯错的严重后果；另一方面也可以带给对方一定程度的认同感，拉近彼此的心理距离，营造出心胸开阔、坦诚相见的良好批评氛围，从而使对方更容易接受批评意见。

2）表扬批评法。批评需要营造适宜的氛围，在冷冰冰的气氛里很难收到良好的批评效果。如果在批评之前先表示对对方某一长处的赞赏，肯定对方的价值，满足其某种心理需要，那么就能够营造出较好的气氛。一方面削弱批评本身让人难以接受的程度，另一方面也使被批评者不至于产生逆反心理。

3）委婉批评法。有时候，碍于所处的场合或评价对象的面子，批评者虽想不吐不快，但却不便以过于直露的方式进行表白。这时候，批评者可以不明确表明自己的态度，只把自己的表白作为个人感受的抒发，而将批评之意蕴藏在貌似叙述抒情之中，既不破坏特定场合的气氛，又能够使批评对象领会其批评的意图，并引起所有在场者的思考。

4）鼓励批评法。一个人犯了错误受到批评，对当事人而言既是一段痛苦的经历，又是对个人信心的一次打击，很容易使他对错误耿耿于怀，对个人的能力产生怀疑。我们在批评犯错误者时，主要目的当然是指出错误令其改正，但同时应注意不仅不要挫伤对方的自信心和积极性，相反，我们在批评时还应恰到好处地指出对方的潜在优势，以此调动他的自信心和积极性，使其以积极的心态修正错误，继续前进。

5）建议批评法。“意见”和“建议”两词的区别就在于前者是否定性的，而后者是建设性的。相比之下，人们更容易接受建议而不是意见。建议性的批评可以削弱批评中的否定因素，营造出良好的解决问题、改进工作的气氛。在这样的气氛中，被批评者既没有从批评中感受到太多不快，又自然地放弃了原先不正确的做法。

6）幽默批评法。在批评中可以引入幽默，但如果把握不好往往会使批评掺杂上讽刺的意味，招人反感。然而幽默并非只是与讽刺结缘，只要运用恰当，就一样能够用之于批评，并收到意想不到的效果。

7）暗示批评法。当事人犯了错误，就像长出疮疤的病人，最忌讳别人津津乐道他的患处，批评者过多地纠缠于错误本身及其后果只会让他厌烦痛苦，丧失信心，甚至于怀着破罐子破摔的心态进行顶撞。既然错误已经发生，倒不如既往不咎，引导犯错者着眼未来，为做好明天的事情而吸取教训，细心准备。批评者可以尝试用潜台词指出对方的错误，许多人之所以做出错误的行动，并不是因为他不懂得这行动本身的违法、违规和不道德，而是因为一时被种种不良的念头所驱使，导致自己做出了在理性状态下不太可能做出的错事，遇到这种情况时，批评者往往没有必要再去重审那些人人皆知的大道理，只需采用含蓄的方式，暗示对方正在忽略最为基本的道德尺度和法律法规，使之从贪婪的念头中惊醒过来，从而自觉地放弃错误的行动。

8）联想批评法。即在发现对方的某种错误之后，巧妙借助这种错误行为与某种物体的联系，用一个动作和拟人手法的有机结合带出批评的含义，寓批评于某种动作或意味深长的话语之中，促使人深思、自责，这种方法特别适用于那些天真幼稚、年龄较小的孩子。

4. 请求与拒绝

（1）请求

在日常生活和工作中，我们常常会有求于人，或求人办事，或求人给自己提供方便和机会等。不难发现，同样的请求内容，向同一个人请求，用不同的方法表述出来，所得到的结果常常会不一样。那么，如何开口才能取得好的效果呢？

首先，要做到诚恳、礼貌、不强加于人。所谓诚恳是指要让被请求者感觉你是发自内心地求助于他，从而重视你的请求。这是求人成功的先决条件。所谓礼貌是指应当尽量选用被请求者有可能乐意接受的称呼。问路时，称对方为“老头”“小孩子”等就不合适。若改用“老人家”“小朋友”等效果就会截然不同。不强加于人是指不用命令、祈使的语气，而多用委婉、征询的口气。例如尽可能地使用“麻烦”“劳驾”“可以吗”这类句式。总之，要让对方感觉到你是在真心地求他，既不是心不在焉，又不是要挟他，这样，求人成功就有了较坚实的基础。

其次，对于比较重大或重要的事，可把对人的请求融入动情的叙述中，使对方不忍无动于衷。或是予以“互利”的承诺，这主要是指求人时向对方表示，愿意给予对方某种回报或将牢记对方所提供的好处。这种回报可以是物质的，也可以是精神的；可以是现时的，也可以是将来的。或是找些合适的“桥梁”，比如共同熟悉的某个人，有某种共同的兴趣、某种共同经历等，以取得感情共鸣，由此过渡到所请求的事项。

（2）拒绝

在社交活动中，常会发生这样的情况：当别人有求于你时，你出于各种原因，不能接受又不好直说“不行”“办不到”，怕伤害对方的自尊心；当对方提出一些看法时，你不同意，既不想发违心之言，又不好直接顶撞对方；当你看不惯对方的行为，既想表露内心的真实想法，又不愿表达得太直露，以免刺激对方的时候，为很好地应付上述各种情况，你就要学会拒绝。根据不同的情境巧妙地说“不”，让“不”有一副可亲的面孔，主要有以下几种方法：

1）使用敬语，扩大心理距离。大家都有这样的体会：如果熟人、朋友在你面前客客气气、说话彬彬有礼，张口敬语闭口谦词，就会让你觉得双方的心理距离被一下子拉大了，从而产生一种陌生感。因此如果想拒绝别人，就要多用敬语，这样既能表现出对对方的格外尊重，又能在对方的心理上产生一种“可敬不可近”的“距离”效应，使对方不好意思将要求和意愿提出来，这种方法对交往不太深的朋友比较适用。

2）说明原因，取得理解。拒绝对方，往往总是有原因的，这些原因对方未必都清楚，在拒绝对方的同时，不妨将拒绝的理由及自己的难处一并陈述给对方，只要是真诚的，对方多半能予以理解和谅解。但同时也应主动理解对方，可对对方的处境表示同情，也可帮对方想一些其他办法或提一些建议，这样拒绝不仅不会伤和气，而且有可能促进双方关系的发展。这种方法对交往深或交往浅的人都适用。

3）答非所问，转移回避。有许多问题不便直接表态，必要时可来个答非所问，先行回避。这种方法对于那些对提出的问题不便作答又不想将关系搞僵的人比较适用。

4）不说理由。在有些场合对某些人说明拒绝的理由，有可能会节外生枝，事与愿违，为了减少麻烦，可以不说理由。如遇到曾经借钱不还的人又来向你借钱，你就可以明确表态：“实在对不起，我恐怕帮不上您这个忙。”如果他继续纠缠，就再重复一遍，他就会知难而退。

5）诱导对方。就是通过巧妙地诱导使对方否认自己的观点，从而达到拒绝的目的。

6）妥协应付法。当别人提的要求使你心有余而力不足时，可以妥协应付说些“这事不久以后就能解决”之类的话。

五、与不同人交谈的礼仪

1. 与年长者交谈

人到老年，随着各种生理机能的衰退，思维迟缓、行动不便，甚至言语不清。不仅如此，心理上也会发生很大的变化，如过分相信自己的经验，固执己见，难接受新事物，爱唠叨，喜欢回忆往事，爱听颂扬之词，怕听批评意见等。有的老人，甚至还有一些怪癖。因此，与老年人交谈就必须根据他们特殊的心理、生理状况，运用得体、合适的语言来达到沟通的目的。总的要求是：以尊重为前提，以关心体贴为钥匙。主要注意以下几个方面：

（1）满足老年人怀旧心理

激发并聆听老者关于自己过去历史的谈话，从而满足其怀旧心理。老人由于有较长的经历，有数不完的人生往事，有丰富的生活、工作经验，他们总喜欢回忆自己光辉的历史，把它们一件一件如数家珍似地讲给年青一代听，以期待儿孙辈对他们一生经历的肯定，并希望后代能继承他们的品德和业绩并发扬光大。

（2）满足其自信心理

称赞年老者的身体、精力和意志，从而满足其自信心理。老年人体弱力衰，有的还耳聋、牙缺、气喘。生理机能的衰退，使老人常常有一种对自然规律的“畏惧感”，有的甚至很悲观，认为自己成了“生活的累赘”，是大自然的“弱者”，对生活失去信心。作为晚辈，应当用古今中外寿星的故事去鼓舞和激励老人与衰老和病痛抗争，还应用科学的保健知识去指导他们。所以在你与一个老年人谈话的时候，可先不必直接提起他的年纪，你只提起他以前所干的事情，而这些事情丝毫不涉及他的年纪，这样你的话语就能温暖他的心，而使他觉得你是一个非常可爱的人了。

（3）消解其孤独心理

应关怀和抚慰年长者的生活起居和感情，从而消解其孤独心理。许多老人，尤其是鳏夫寡妇，常常有一种孤独感和寂寞感，每当他们看见晚辈们男欢女爱的场面，或看到影视中男女恋爱的画面，就勾起他们对青壮年时代爱情婚姻生活的回忆，想到自己如今人老体衰无人陪伴的处境，内心不免产生深深的惆怅和悲哀。晚辈们应当了解年长者的感情需要，倘若老人要找伴侣，晚辈们应当给予理解和支持，应当多和老人谈心，沟通思想，不断增进了解。

（4）满足其自尊心理

规劝和说服年长者时应委婉含蓄，从而满足其自尊心理。在家庭中，几乎每个青年人都可能遇到自己的意见被长辈否定的情况。在这种情况下，通常有两种选择：一是对长辈的态度不予理睬，坚持自己的意见一意孤行。二是善于说服，用自己的智慧和口才得体地阐明自己的思想，使长辈理解并同意自己的选择，站到自己的一边，成为自己的后盾。后者显然是理想的选择。然而，从实际情况看，说服长辈并不是一件十分容易的事情。长辈在为人处世上有丰富的经验，见多识广，再加上年龄上的差异，接触事物的不同，这就很容易造成看问题的角度与年轻人存在差异。所以，年轻人说服长辈必然有一定的难度。但是，从另一方面看，说服长辈又是可能的，一般做长辈的对晚辈都有责任感，且是非分明，有较强的识别力，只要你讲得有道理，你能拿出足够的证据使他们相信，他们就会改变主意，转而接受你的意见。而最好的方法就是利用年长者自己的经历和言行来说服他们。一般情况下，做父辈的都有自己认为辉煌的过去，他们免不了要以这些为资本对子女进行教育，要子女效法。而作为成年的子女，如果你要干一番事业但受到长辈的阻挠时，就可以拿长辈经历过的事实作为论据，进行类比，这种方式有很强的说服力。

另外，长辈对晚辈的未来都寄予厚望，望子成龙是他们梦寐以求的，而且在日常生活中常常教导子女要敢闯敢干，将来要做一个有作为有成就的人。在说服时只要你提出的意见与他们心中的目标相一致，就可以举起这面旗帜，拿起这件有力的武器，为己所用。一般来说，长辈们是很注意自身尊严的，对过去说过的话是不会轻易食言的，而且会立即兑现。所以，晚辈们在说服时就可以适当地利用他们的这种心理，用他们的话做自己的旗帜，往往很容易取得成功。

知识链接——与年长者交谈的禁忌

• 一般不要涉及“死”的话题。死是人生之大劫，尤其对老年人，有的人心里对它十分忌讳。所以，年轻人跟老人谈话，应尽量避免谈及相关的话题内容。

• 不要同年长者乱开玩笑。同龄人相见开开玩笑，能给生活增添乐趣，即使荤素兼行，只要别过度，亦无伤大雅。但跟老人却不要乱开玩笑，既显得无礼，弄不好还会触怒老年人。

• 不要直指其错。老年人虽人生经验丰富，但是并非老年人就一定比年轻人强。智者也会有过失，年轻人发现后不应直接指出，以免损伤老年人的自尊心。

• 不要显能炫耀。年轻人跟老年人交往，尊重老人为第一要务，谦虚恭敬是起码的要求。在老人面前显能炫耀，既是一种不恭的表现，也是一种失礼的行为。

2. 与年幼者交谈

长幼之间由于年龄、资历、身份等多方面的原因，在交谈中很容易造成一种不和谐、不顺畅的现象，尤其是作为谈话主体方面的长者与幼者谈话时，往往因为所面对的是比自己年龄小、资历浅的小字辈，就更容易无所顾忌，不讲方式方法，使交谈发生阻滞，引起不良的后果。那么，年长者与年幼者交谈有哪些方法呢?

（1）明话暗说

这时最关键的是尊重年幼者的人格，相信晚辈的自制力。年幼者也是有头脑的人，而不是只凭年长者语言指令而动作的机器人，长辈的正确指导会成为他们一生受用的财富，有助于他们成为一个是非分明的人。长辈的谈话不仅要达到一时的效果，而且要思虑到长远的影响，这就要掌握明话暗说的艺术。

（2）硬话软说

长幼之间在谈论一些人生意义、道德规范等重要问题，而且联系实际的时候，也是要有艺术性的。越是问题的性质重大，越是需要讲究交谈艺术，讲究“硬”话“软”说的艺术。

（3）急话缓说

生活中有大事，有小事，有急事，有缓事。长幼之间性格也有急有慢，所以从这个角度来说，也需要注意谈话的艺术。要注意“急”话“缓”说。心理学研究证明，当年轻人正在气头上时，头脑不清楚，往往会看不透事情真相，理解不了长辈的良苦用心。若两个人一旦吵起来，往往就只看对方的问题，揭对方的疮疤，看不到人家的优点。如果能以缓说的方式帮助双方保持理智，这也就达到“急”话“缓”说的目的了。

（4）长话短说

有些时候没有必要或者不方便把事情向年轻的子女讲清楚，就可长话短说。用几句最简洁而精练的话把很麻烦的事情解释开，或者转换一个话题。尤其在父母与年幼子女之间有一些话题比较敏感，更适合用此法。

3. 与异性交谈

与异性谈话时，语言的运用是极其微妙的，但又不同于与恋人之间的谈话和夫妻之间的谈话。由于性别的敏感性，在同异性谈话时，人们特别容易感到性别的差异，因而自觉或不自觉地抑制自己的感情，从而影响自己的口才和谈话能力的发挥。

（1）以趣事为题

聪明的人在与异性谈话时，往往能感知并了解异性感兴趣的话题，恰到好处地选择那些生活中的趣事做话题，既可以消除彼此间的距离，更容易产生共鸣。比如选择一些比较轻松、大众化的话题：如音乐界的排行夺魁、校园生活的诗情画意等。这些话题不仅外延广、内涵深，而且可以激起彼此谈话的兴趣。

（2）察言观色，随机应变

和异性交谈，要比和同性谈话更加留心才是。因为你对他（她）所知甚少，加之性别的缘故，彼此之间的话题就应该特别谨慎。所以在谈话过程中应重视任何可以得到的线索和暗示，随机应变地调整你的话题。

（3）耐心坚持，调动有度

与异性交谈，有时会遇到特别矜持的异性（女性居多），当男子首先和她说话的时候，她会用“是”与“不是”“嗯”“啊”等简单作答，有一定社交经验的异性遇到这种情况，会耐心交谈下去，因为时间能慢慢地使陌生感逐渐消失，甚至引出她最有兴趣的话题，逐步改变话语很少的局面。但与异性交谈时，切不可过分热情，否则，可能会让对方误会，对已婚异性更要注意这个问题。

总之，只有积极消除彼此存在的言语及心理障碍，运用多种多样恰当得体的交谈方式，因人制宜，因境制宜，才能在异性之间架起一座沟通思想感情的桥梁。

第三节 电 话

学习目标

◆了解并掌握接、打电话的基本礼仪规范。

◆了解并掌握使用手机和短信的基本礼仪规范。

电话是现代通信的主要工具，由于它传递信息迅速、使用方便、效率高，所以在各个领域得到广泛应用。此时，如果不懂得拨打电话和接听电话的礼仪规范，可能会影响工作与生活，甚至贻笑大方。

一、接听电话

1. 快速接听

在电话铃声响起后，如果立即拿起，会让对方觉得唐突；但若在响铃超过五声以后再接听，却是缺乏效率的表现，势必给来电者留下不太好的第一印象，同时也会让对方变得不耐烦。如果因为客观原因，如电话机不在身边或一时走不开，不能及时接听，就应该在拿起话筒后先向对方表示自己的歉意并做出适当的解释，如“非常抱歉，让您久等了”等。

如果是在家里接听电话，尽管没有必要像在单位那样及时，但尽快接听是对对方的尊重，也是一个人的基本礼貌。如果铃响五声以上才去接听，也应向对方表示歉意。在朋友之间尽管没有必要做出郑重其事的道歉，但向对方解释一下延误的原因也是必要的。

2. 谦和应答

在工作场合接听电话时，首先应问候，然后自报家门。对外接待应报出单位名称，若接内线电话，应报出部门名称。自报家门是让对方知道有没有打错电话，万一打错电话就可以少费口舌。规范的电话问候语体现的不仅是对对方的尊重，而且也反映出一个单位的工作效率和管理水平。

在家里接电话可以有很多选择，规范一点的可以用“喂，你好!”问候对方，关键是要让对方感到亲切、友好。过于规范化的电话用语反而会让人感觉出“公事公办”的冷淡。

3. 及时传达

当来电话不是找自己时，要马上请对方要找的通话人接听电话，如遇要找的人不在，或者是其正在处理其他事情不便接听时，接电话者要明确告知对方要找的人不在或者暂不能接电话。请打电话者留言或在合适的时间再打过来，或留下对方电话号码，方便的时候请其要找的通话人回话。

4. 礼貌挂断

接听者一般要等对方先挂断电话以后，再挂断电话，这是尊重对方的表现。即使接到错打的电话时，也要讲究礼貌，保持好的接听态度。及时告知对方打错了电话。然后再挂掉电话。

二、拨打电话

1. 恰当选择时间

拨打电话应避开对方的吃饭和休息时间。总的来说，早晨 8 点以前、晚上 10 点以后，往对方家里打电话是不合适的（除非有紧急的事）。工作上的事情也尽量不要打电话到别人的家里。

如果是打电话到对方工作单位，最好不要在星期一一大早打过去，也不要在快要下班的前几分钟打电话。一般情况下，不要为私人的事情打电话到对方的单位。如果确需因为私人的事情打电话到对方的单位，最好先问一声“你现在方便听电话吗?”即使得到对方的肯定回答也要尽量简短。

2. 及时表明身份

打电话时自报家门是必需的，这是对对方的尊重，而且将你的身份直接告诉对方，对方就有是否与你通话的选择权。

3. 通话简明扼要

在做完自我介绍以后，应该简明扼要说明通话的目的，并尽快结束交谈，随意占用对方的电话线路和时间是不为对方考虑的失礼行为。如果估计这次谈话要涉及的问题较多、时间较长，那么，应在通话前询问对方此时是否方便长谈。如果对方不方便长谈，就应该有礼貌地请对方约定下次通话时间。

知识链接——所要找的人不在时的处理

• 可以直接结束通话。在事情不是很紧急而且自己还有其他联系方式的情况下，可以直接用“对不起”“打扰了”“再见”结束通话。

• 请教对方方便联系的时间或其他可能联系的方式。通常在比较紧急的情况下采用。具体做法是：“请问我什么时候再打来比较合适?”或“我有紧急的事情，要找×××，请问有没有其他的联系方式?”不管对方是否为你提供了其他的联系方式，都应该礼貌地说：“谢谢，再见!”

• 请求留言，若要找的人不在，或恰巧不能听电话，最好是用礼貌的方式请求对方转告。留言时，要说清楚自己的姓名、单位名称、电话号码、回电时间、转告的内容等。在对方记录下这些内容后，千万不要忘记问一声：“对不起，请问您怎么称呼?”对方告知后要用笔记录下来，以备查找。

4. 适时结束通话

无论通话沟通什么事情，都要尽量地长话短说，不要像拉家常一样没完没了。只要把要表达的思想明确了，让对方明白了你的目的即可。有一个理想的结果更好，即使没有结果，也要适时地结束通话。

三、手机使用基本礼仪规范

1. 手机日常使用

目前，手机的通话率已超过了家庭和办公室里的固定电话。因此，打手机应遵守的礼仪事项便成了我们要培养的素质。具体地讲，应注意以下要点：

(1) 只使用勿摆弄

使用手机，自然主要是为了方便沟通。因此，在人际交往中使用手机，只重使用，力戒摆弄。不论自己所使用的手机多么新潮，多么昂贵，它也只是工具而已，而不是抬高个人身价的“装饰品”。因此，不要在人前刻意摆弄。

(2) 利己又利人

使用手机当然是为了方便自己，但它和方便别人并不矛盾，二者应该并重。使用手机应注意以下几点：

1) 既然使用了就不要无故停机，以免他人联络不到你。

2) 当他人打来电话时，不要总出现“你所拨打的手机已关机”的情况。因错码、掉线、无电等偶然障碍或必须暂停通话时，应及时说明，并向联络对象道歉。

3) 改换了手机号码后，应尽早告诉自己主要的交往对象，以保证彼此联络的顺畅。

(3) 遵守公共道德

使用手机不要影响他人，要注意的有以下几种情况：

1) 避免在公共场合，尤其是楼梯、电梯、路口、人行道等人群密集处，旁若无人地使用手机，这有失检点。

2) 避免在要求“保持安静”的公共场所，如医院、影剧院、音乐厅及图书馆等，大声地接打电话。

3) 避免在上班期间，尤其是办公室、车间里，因个人私事毫无顾忌地使用手机。

4) 避免在聚会期间，例如开会、会见、上课之时，使用手机。

5) 此外，禁止在标明禁止使用手机处使用手机。

(4) 置放到位

手机闲置时能把它放在一个合适的位置上也可显示出一个人的礼仪修养。常规置放手机的位置主要是随身携带的公文包内，或放到自己的衣服口袋里。暂时放手机的位置主要有：参加会议时，为了既不误事又不妨碍他人，可将其暂时交给秘书和会务人员代管。与人坐在一起交谈时，可将其暂时放于不起眼之处，如身旁、背后等，也可以放在你和别人都认为方便的地方。

知识链接——使用手机注意事项

• 在飞机起飞后和飞机降落停稳前，一定要记住关闭手机电源。因为手机信号会干扰飞机导航系统，影响飞行安全。

• 在参加一些需高度保密的重要会议或参加重要的考试时，不要携带手机进场。

• 在大会会场、上课课堂、音乐会、电影院等场合，应将手机设置为静音或振动状态，若有重要来电必须接听时，应迅速离开现场再开始与对方通话；如果实在不能离开，又要接听，则要压低声音，一切动作以不影响在场的其他人为原则。

• 在驾驶汽车时，不要拨打接听移动电话，如果要拨打或接听电话，最好将车停靠在停车道边，或请同行的其他人代为接听。

• 使用平板式手机还要注意键盘的锁闭问题。

2. 短信

随着手机的普及，收发短信也成为日常生活交往中的一部分。既然是生活交往的一部分，就应该讲究礼仪。

（1）发短信注意时间和场合

要尊重别人，发短信尽量避开工作时间和深夜休息时间。用短信邀请他人参与活动时，不管在任何场合，文字都要郑重、得体，这是最基本的礼节。所要注意的几点细节如下：

1）如果是较熟悉的朋友，邀约短信则可注明时间、地点和简单理由，需要落款，可以附上“方便请复”的字样。如果是可以推心置腹的友人，那么平常的邀约短信言明时间、地址即可。

2）如果是关系很一般者，三言两语地在短信中邀约他人，就会给人一种“来或不来，反正短信已经发给你了”的轻慢意味，这种情况屡见不鲜，哪怕你是真心实意的邀请，最后都会事与愿违。

3）特别重要的邀请活动，当事人一定要当面约请或电话约请。

（2）发短信时记得署名

署名一般是在最后面，如果是给从未接触过的朋友发信息，则应该向对方问好，然后表明自己的身份和姓名，最后把事情叙述清楚。

（3）注意短信的内容

短信内容要健康、庄重，文雅而不失大方。

（4）回短信要及时

收到对方短信后要及时回复，如果正在忙，可以利用手机短信的快速回复功能说“正在忙”，过后回短信时应该加以说明并说声抱歉，这样才能得到对方的理解。

思 考 题

1. 工作中规范的称呼方式有几种？

2. 社交活动中规范的称呼方式有几种？

3. 交谈中问答的基本礼仪有哪些？

4. 列举与不同的人交谈的礼仪规范。
5. 接电话的礼仪规范有哪些?
6. 打电话的礼仪规范有哪些?
7. 使用手机和短信有哪些礼仪?

第四章　公共生活文明常识

本章导读

公共场所是人们生活、学习、工作过程中共同活动的地方，我们的生活离不开公共场所。人们在外出办事和娱乐休闲的时候，都需要有一个整洁干净、文明有序、和谐融洽的公共环境。本章的学习目的就是帮助我们掌握社会公共场所的文明常识，用行动去营造良好的公共生活环境。

第一节　公 共 场 所

学习目标

◆掌握参观游览、观看比赛的文明常识。

◆掌握看电影、演出的文明常识。

◆掌握购物过程中的文明常识。

◆掌握就医、探病的文明常识。

◆掌握宾馆住宿的文明常识。

◆熟悉卫生间使用的文明常识。

生活就像一座大舞台，每个人都有他自己独特的角色。我们在与人交往和与人相处的过程中，同样要注意各种各样的文明常识。

公共场所文明常识体现一个人的社会公德，是人类文明程度的体现。在社会交往中，良好的文明表现可以使人与人之间形成良好的关系，为社会公众创造一个高质量的生活环境。

一、参观游览

1. 国内参观游览

在旅游景点、展览馆或博物馆等地进行参观游览时，一般应注意以下几点：

（1）遵守排队秩序

参观展览时，应遵从先来后到的原则，依次排列，依序而行。排队时，适当保持间距，前后参观者之间不应有身体上的接触，若无意中碰到对方，要表示歉意。排队过程中因故需要短暂离开时，应向身后的人说明，如对方同意，返回后可在原处继续排队；如对方不同意，则应在队伍末端重新排起。不可插队，确有特殊情况，应向排在自己前面的人讲明，征得同意。

（2）礼貌对待讲解员

很多展馆有专门的讲解员，他们为参观者进行悉心讲解，并回答参观者提出的各种问题。作为参观者，应礼貌对待讲解员，尊重他们的劳动与付出。在讲解员讲解时，应专心倾听；讲解的过程中可以提问，但不要随意打断讲解员的讲解，不能影响他人参观，更不可妄加评论。

（3）遵守拍摄要求

不同的展馆对是否可以拍摄都有具体的规定，视展品类型、展品所有者的要求等有所不同。在游览时，应注意展馆关于摄影、摄像的规定。如果展馆不允许拍摄，或者不允许使用闪光灯，应遵循相关规定，并保持安静，不在展馆内大声喧哗。

（4）其他注意事项

不携带食品进入展厅，不在展馆内吸烟。人多时，不要拥挤，按照顺序边看边走，需要超越他人时，要从其身后走过，必须从前面走过时，要表示歉意。要爱护展馆内的各类设施，如照明设施、展台等。

2. 国外参观游览

（1）注意着装

国外有些场所对访客着装有特殊规定。如进入教堂时，女性不能袒胸露背，穿高过膝盖的短裤或未过膝盖的短裙；男性不能穿背心、高过膝盖的短裤和拖鞋。听音乐会或进入有些正规场所时，对着装要求也比较正式。

（2）拍照要遵照规则

参观博物馆、教堂或其他规定的场所，禁止使用带闪光灯的照相机，因闪光灯内的镁成分会对陈列物造成破坏，要注意相关标志。

许多国家规定某些禁区或某些地方禁止拍照，一般都有明显的标志，但在边境口岸、机场、博物馆、新产品展览处、古文物和私人宅院等地，即便没有设立不准拍照的标志，也禁止拍照。不能随意对着不认识的人照相，拍照时应注意不要影响、妨碍他人的交通。

（3）不要捕捉动物

许多国家的街心公园、动物园、植物园里和一些大的家院里常有松鼠、候鸟、鸽子、天鹅等野生动物，但禁止用手抓捕或挑逗。

（4）保持清洁

对旅游目的地国家内的私人宅院、街道两旁和街心公园里的花草树木，不要随便采花摘叶、攀登树木或践踏绿色草坪。在街上行走时，不要乱扔果皮、纸屑等，应自觉将其丢入垃圾箱，否则会被罚款处理。

(5) 避免在公共场所吸烟

要尽量避免在公共场所吸烟（尤其在飞机、轮船、火车上等）。如果有关场所有划分吸烟座位和不吸烟座位的，在不吸烟座位上不得吸烟。一般在工作、参观、谈判、观看表演时亦不得吸烟，休息时可到专设的吸烟室吸烟。

(6) 提前了解旅游国情况

应尽可能了解前往国的历史、政治经济和文化背景等情况，尽量多学几句东道国的语言，如“您好”“谢谢”“再见”等日常用语并使用。

二、现场观赛

体育比赛时，观众首先要互相尊重、谅解。为运动员加油助威的标语口号内容要健康文明。举办方的观众要表现出东道主的气度，对远方的来客要以礼相待。对赛前的运动员介绍，无论是主队还是客队队员，观众都应鼓掌欢迎。比赛之中，对双方队员的精彩表演都应掌声鼓励。要杜绝使用不文明的语言和手势，更不要采取向运动员投掷物品或呼喊起哄等不礼貌行为。作为观众在观看比赛时，还要注意以下几项：

1. 准时入场

观众进入场地时要有秩序，观赛应提前到达场地，这是对运动员、教练员和裁判员最起码的尊重，迟到的观众不可由正门进入，也不可进入贵宾区干扰视线。

2. 注意仪表

观众的衣着要尽量整洁、大方，不能太随意，尤其是在温度比较高的游泳馆里一定不要赤膊。观看体育馆内进行的比赛时，最好不要吸烟。在比赛开始时，一定要保持安静，不要吃东西或聊天、喧哗，在比赛中最好不要走动，只有在球员交换场地休息时，方可起身活动或去如厕，离场时应做适当的清理，将现场恢复到原来的样子。

3. 注意秩序

第一，比赛进行中如需拍摄，不能使用闪光灯。比赛结束后，如果没有特殊规定，才可以使用。

第二，保持安静，有序加油。比赛过程中不要大声喧哗，应文明有序地对运动员进行鼓励，不能喝倒彩。随身携带的手机等通信工具应该关闭或转至无声状态。

第三，文明观赛。禁止向比赛场内扔果皮、饮料瓶等，禁止向运动员提供水和食物，禁止干扰比赛，不能对球员和裁判做出过激行为。颁发奖牌时，要控制情绪，起立鼓掌。比赛结束后，不可以随意进入场内向运动员索要签名或要求合影。

三、观看电影和演出

看电影是人们休闲娱乐，丰富精神生活的高雅活动，其中也有很多需要观众注意的礼仪。到影剧院看电影、戏剧，是一种高尚的娱乐和美的享受，观众应当在高度文明的环境中观赏演出。每位观众都应当遵守影剧院里的公共秩序，讲究文明礼貌。

1. 观看电影

（1）不要迟到

电影院一般在开映前 15 分钟开始收票，观众最好能够在这个时间之前进入电影院寻找座位。如果熄了灯你还在摸黑到处找座位，不仅会影响其他观众观看，自己也麻烦。如果已经迟到了，可以向周围的人低声询问，同时要表示歉意。

（2）迅速找位置

如果是和女士同去，且在无人领坐的情况下，应走在前面主动找到座位，然后先让女士进去。一般应从座位的左侧走向自己的座位；穿行时姿势要低，脚步要轻，尽量不要影响别人。对起身为你让路的同排观众要小声致谢、致歉。假如自己的位置在中间，别人已经就座应一路表示歉意，穿过别人的位置时应面对着对方，背对着别人穿行而过是很不礼貌的。

（3）看电影时坐姿端正

观影时不要随意左右晃动，以免妨碍后面的观众。也不要在影剧院里吸烟和吃容易发出声响的食品。入场后应自觉脱帽，以免挡住后排观众的视线。不要把脚蹬在前排观众的椅背上，以免弄脏别人的衣裳。

（4）保持安静

看电影时，不要与熟悉的邻座谈笑喧哗，不可大声地接听电话，也不要对电影中比较熟悉的有关情节预作介绍或评头论足，以免影响他人。不要在影剧院里鼓倒掌，吹口哨。如果要离位如厕应该向两边的人致歉。带小孩子的观众不要让孩子在过道上乱跑和哭闹。手机应调到振动挡，尽量避免对他人造成影响。不要吃有壳的食物或咀嚼声音过大的食物。

（5）保持环境卫生

看完电影后，应把全部垃圾带出电影院。

2. 观看演出

在观看各种类型的演出时，也要遵守必要的礼仪规范。否则，就可能影响到他人的观看情绪，严重的可能导致演出受到干扰。观看演出时需注意以下礼仪规范：

（1）凭票入场

个人观看演出时，要遵守一人一票的规定。前往任何场所观看演出，凡应凭票入内的，均应持票入场。若邀请他人与自己一同观看演出，应至少一周以前通知对方，以便对方早作安排。

（2）穿着得体

具体而言，由于演出的内容不同，在观看不同内容的演出时，着装要求也有所不同。

若是前往场面隆重的场合观赏演出，如观看京剧、舞剧、歌剧、文艺晚会或欣赏古典音乐会，特别是陪同他人前往或者应邀前往时，尽量要穿具有礼服性质的正装。即男士应穿深色的西装，配深色的袜子与黑色皮鞋；女士应着单色的旗袍、连衣裙、西服套裙或礼服等。

若观看演出时是与家人同往，则不仅在着装上要合乎规范，还要注意与家人的着装相协调，切勿“泾渭分明”，差异太大。

（3）尽早入场

观看演出，有一项基本的规定，即演出一旦正式开始，观众便不宜陆续入场，而应等候至演出中场休息时方可再度入场，否则不仅会影响演出，也会妨碍其他观众对演出的欣赏。因此，我们在观看演出时不能迟到。一般的演出场所大都提前15分钟检票，观众到达现场的时间也应当大致与此相差无几。

（4）对号入座

演出的预备铃一响，应当立刻进入演出厅对号就座。进出演出厅时，应不慌不忙，依次而行，走得可以稍许快一些，免得挡道，但是不要奔跑。倘若演出厅门口人员一时过多，应当稍候片刻，不要拥挤。

若有引导员主动提供服务时，可随行其后。找到座位后，别忘了致谢。若多人一起行进，且演出厅的过道较窄时，则宜单列而行，不要并排走。

若无人引导，则职位低者、主人、晚辈、年轻者、男士、未婚者，要主动替同来的职位高者、客人、长辈、年长者、女士、已婚者带路找座。观看演出者如找不到自己的座位，应有礼貌地向旁人打听。旁人向自己打听时，也应热情相助，对老年人或行动不便者，还应主动提供帮助。

若他人占了自己的座位，可以有礼貌地出示入场券向其说明，或请工作人员调解，不要与对方吵嚷或发生其他不愉快的事情。

如果自己的位置在一排中间，且其两侧已经有人坐，那么在走向自己的座位时，应对被自己打搅的人轻言一声“抱歉”，并且面向对方，侧身缓步而行。

若与亲友一同前来观看演出，且座位有好有坏时，应主动把好一些的座位让给别人，得到了他人的谦让，要及时表示谢意。但是一定要记住，同他人调换座位应在开演之前进行，并要两相情愿。演出一旦开始，任何人都只能端坐不动。就座时宜轻、宜稳，不要用力敲打座椅。

（5）交际适度

演出一旦开始，任何观众都不应再进行交谈，直到演出结束为止。如果有话要谈，可在演出开始前、中场休息时或是在演出结束后进行。

在演出大厅内，不管演出是否开始，都要尽量避免跟熟人频繁地打招呼，更不要主动找别人聊天。熟悉的人见了面，点点头即可。如果有话要谈，须待中场休息或演出结束后。夫妻或情侣一道观看演出时，举止言谈要得体。

在观看演出时，一般不宜主动跟陌生人攀谈，更不要目不转睛地打量不认识的异性，或者对其评头论足。

（6）注意秩序

主要应注意以下几个方面：

1）不要随意走动。演出开始后，所有观众都不宜再随意走动，否则就会给其他观众带来不便。

2）不要拍照或摄像。相机的闪光灯会分散台上演员的注意力，甚至酿成意外事故。就算不用闪光灯，照相的声音也会干扰周围观众的观看和演员的表演。况且，擅自拍照还涉及演出的版权问题。即便演出场地允许拍照，拍照的观众也要注意分寸，尽量在幕间或演出告一段落时，抓住时机拍摄。

3）不要进行通信联络。观众在进入演出厅之后，需自动关闭自己的手机，或令其处于振动状态，不得在演出厅内随便使用。

4）不要在场内大吃大喝。不要携带食物、饮料入场，尤其是不要在演出现场食用带壳食物和易拉罐式饮料。

5）不要吸烟。所有的演出厅都是禁烟的场所。

6）不要乱扔废物。在观看演出期间，为了保持演出厅内的卫生，不要随手乱扔废弃物，万一有此必要，可暂作处理，并在退场时自觉带出场外，扔进垃圾桶内。

7）不要更换衣衫。在演出厅内，不要脱鞋脱袜，脱换衣衫，不要戴着帽子入场，以防阻挡他人视线。如果是在露天运动场看比赛，可以戴太阳帽，但也要以不遮住别人的视线为宜。

四、购物

在日常生活中，人们离不开商店和超市，营业员固然要文明经商，礼貌服务，而顾客同样应尊重营业员的劳动，讲究文明购物。

购物与行走一样是生活中不可缺少的活动，这就要求人们在购物时注意一些礼仪规范，做一个文明的消费者。在购物活动中要注意以下几个方面：

1. 明确购物目标

购物前最好先确定自己要买什么商品，买什么样式、颜色、质量和价格的产品，确定以后再劳驾营业员将物品拿来，千万不要在不清楚自己要买什么物品的情况下就麻烦营业员，如果你只想看不想买，那么最好不要反复地劳驾营业员，否则可能会发生不愉快的事情。

2. 注意举止话语

在现实生活中，虽然买卖形式已经改变，先前的卖方市场已经由买方市场所代替，用商家的一句话说“消费者就是上帝”。但这并不意味着消费者可以随意对营业人员大呼小叫、颐指气使。一个有修养的消费者，在购物时会注意相应的礼仪规范，会用心平气和、委婉客气、面带微笑的态度与营业员商谈。当营业员正忙于接待其他顾客时，要耐心等待，不要指手画脚或用手敲打柜台。

3. 不要无端挑选

挑选商品时，不要挑三拣四、过分挑剔，时间长了会影响营业员照顾其他顾客。如果挑选后没有满意的商品时，可以客气地对营业员说："不好意思，请把商品拿回去吧，这里没有我喜欢的样式，挑选了这么长时间，真是给你添麻烦了，还请见谅。"对易污、易损商品要轻拿轻放，万一污损了，就应当买下来或者赔偿，对禁止触摸的商品，不要随便碰触。

4. 避免争执

购物时，如果遇到态度不好的营业员，也不要与其发生口角，应当耐心、冷静地讲道理、说情况，如果该营业员是个蛮不讲理的人，可以向其领导反映，请求领导帮助解决。

5. 注意商场秩序

不要在商场高声喧哗、追跑打闹。自觉维护环境卫生，不随地吐痰，不乱扔果皮、包装袋等。在购物交款等同类活动中，两人以上就应该自觉排队，并注意与他人保持一定距离，以免造成他人的不便。购物过程中要注意照顾老弱病残者，对外宾要文明礼让。

6. 调换商品应斟酌情况

许多时候，人们在购买商品时不够仔细，买回家以后才发现商品有破损或营业员拿错了样式，这个时候，大多数人会再去找营业员调换。可是，调换商品有时也会惹麻烦。遇到服务态度好的营业员还好，遇到态度生硬的营业员就难免要费一番口舌，碰到这种事情时，一是能换则换，不能换则不强求；二是找商店相关部门的负责人解决问题。

7. 核对付款金额

结账时，如果发现营业员找错了钱，应善意地提醒并说明情况，切忌面红耳赤地与营业员争论不休，实在不行还可以找商店相关负责人帮忙解决。交过钱以后，不要忘记向为你服务的营业员说一声"谢谢"。

五、宾馆住宿

了解住宿宾馆的文明常识，不仅可以使您在宾馆里举止得体，享受到优质高档的服务，还会减少很多障碍和麻烦。

1. 讲究礼貌

早上在走廊和电梯间里遇到其他人时，不论相识与否，都应道一声"早上好"。如遇他人首先向自己问候，应当立即应答。对于服务人员要以礼相待，不要傲慢地对待他们所提供的各项服务。在宾馆的门厅、餐厅和电梯间门口遇到老人、残疾人和妇女时应侧身让其先行，必要时要加以帮助。在宾馆的任何场所中，都要注意自己的身份，言谈举止要检点，不能为所欲为。

2. 不妨碍他人

出入自己住宿的客房应随手关门。不要将房门敞开，使房间内情况一览无余。休息的时候，可以在门外悬挂特制的"请勿打扰"或"正在休息"的牌子。到别的客房去找人，应提前预约，到达时先按门铃或轻轻敲门，待主人允许后方可入内。在客房之内可以穿睡衣，但若穿着睡衣、内衣和拖鞋出现在宾馆的大厅、餐厅、购物中心和娱乐场所，都是失礼的行为。

在宾馆前厅、餐厅、走廊乃至客房之内，都不要弄出太大的声响。因为走路、交谈或收看电视的声音太大都会影响其他人的休息。夜深人静时，对此尤其要注意。不要在宾馆里的任何公共场合粗声大气，不要站在走廊里交谈，也不要窥视陌生人的房间，这是每一个入住宾馆的人应该遵守的规则。

3. 不懂则问

如果不会使用客房里的个别设备，可向他人或服务员请教。卫生间里除马桶外，还有专供妇女使用的洗涤用品。浴室里一般都有三块大小不一的毛巾，小号的洗澡用，中号的擦脸用，而大号的则用于浴后擦身。此外，还另备有一块厚毛巾，是专门用来擦脚的，这些情况若不熟悉而又自行其是，往往会闹出笑话。

4. 保持卫生

在客房内，衣物和鞋袜不要乱丢乱放。吸烟者不要乱弹烟灰、乱抛烟头，以免烧坏地毯和家具，有些宾馆火灾就是因吸烟而引起的，吸烟者应引以为戒。果皮纸屑应当投入垃圾桶，也可以放到茶几上，让服务员收拾。自己的东西要收藏好，切勿把钱夹、记事簿等小件物品存放在枕头下边，否则很可能被服务员当做无用之物扔掉，或者在自己离开时遗忘。

5. 礼貌对待服务人员

当你住在宾馆时，服务员每天都会来打扫房间。在服务员开展工作时，作为旅客应主动予以配合。

首先，当服务员走进房间时，要与之打招呼，绝不能不加理睬，否则，对方会觉得你傲慢、瞧不起人。一般可以主动招呼说："你好！""上午好！"，服务员通常会向你询问："可以打扫房间吗？"如果你觉得不便打扫，比如有客人在或有其他原因，你可以礼貌地回答："再过一会儿打扫好吗？"或者说："现在可以。"

其次，当服务员打扫房间时，在可能的情况下应予以协助。比如服务员要给你的床上换上干净的卧具，你就应该迅速地把床上的私人物品整理后放在一边，或者帮助服务员做点力所能及的事。

最后，当打扫完毕时，应对服务员致以谢意。这既是对服务员表示尊重，也是对他（她）的工作表示感谢，事情虽小，但对此绝不应忽视。

六、就医、探病

1. 就医

每个人生了病，都想尽快地恢复健康，最好的办法莫过于请医生或到医院诊治。就医时要讲文明、懂礼貌。

（1）遵守秩序，依次排队

病人到医院后要遵守医院看病的规定，通常是挂号、候诊，等待护士叫你的名字或编号。

无论是挂号还是候诊，均应遵守秩序，依次排队。此外，候诊时要保持安静和环境的整洁，不要高声谈话、吸烟、随地吐痰及乱丢各种废弃物品等。听到医务人员叫到自己的就诊号时，应主动积极并有礼貌地予以应答，然后到指定的接诊台就诊。

(2) 耐心等待

在候诊室等待时，应耐心而不急躁，不要大声喧哗。在护士还没有叫到你的名字时，不要走动不止，或围在医生身旁，以免影响医生的正常工作，一旦叫到你的名字，应该礼貌地应答，随后到指定的位子坐下，不要迟疑拖拉，劳烦医生一再呼叫。

(3) 陈述病情

在医生没有开口询问病情以前，不要急于陈述，因为医生要先看看病历，或做些诊断前的准备工作。待医生向你问话，你再有条不紊、实事求是地向医生陈述病情。有的病人为了让医生重视自己的病情，无中生有地乱编一些病史，反而会影响医生的正确诊断，延误治疗。

医生诊断疾病的第一手资料是病史，作为病人必须严肃认真对待，决不能弄虚作假。个别人为了骗取病假，千方百计地欺骗医生，甚至不择手段地伪造体温、心率、血压，乱涂化验单等，这样做是极不道德的。

到医院看病，应听从医院的安排，对新老医生应同样尊重，特别是当较年轻的医生为自己诊断病情时，要积极配合，主动提供病情症状，协助医生做出正确的诊断。假如对医生的诊断产生怀疑，应该有礼貌地向医生述说自己的疑虑，请医生再作考虑，切不可看到诊断结论和自己的臆想不符，就随意打断医生的话，甚至和医生争吵。

(4) 如遇到不合理的问题，应尽量克制情绪

如果偶尔遇到不负责任的医生，对病症做出了自己认为可疑的处理时，作为病人也切忌随便发火，而应该耐心地询问医生有关处理的依据，请医生采取必要的措施帮助释清疑虑，如果当时不能解决问题，可向其他医生或医院领导反映情况，请他们根据医务工作者的工作准则判断是非并做出处理。

(5) 说话要轻声，不大声喧哗

到医院看病时，切忌大声喧哗，在医生身边高声说话或接打电话，都会影响医生的诊治。同样，到病房探视病人，也不宜在病房内口若悬河，影响其他病人的休息。

病人在看病时尽量不要打手机，一方面影响医生看病，另一方面耽误医生和后面病人的时间，再者对医生也不礼貌。

2. 探病

人在生病时，最需要的就是关心与安慰，当得知朋友或亲友生病后，应前去探望。病人生病时，情绪一般不会很高，这时你需要注意一些礼节，无论是言谈举止、衣着、神情还是携带的物品都有讲究。

(1) 探望病人的基本礼仪

病人在患病期间，心理状态比较特殊和敏感。因此，在探望病人时，如果语言不慎或举止不当，往往会增加病人的思想负担和猜疑心理，给他们增添不必要的精神压力。为此，探望病人时要注意：

1）探访对象住在医院里的，应先了解探病时间。探病需要选择恰当的时间，这是探望病人的礼仪之一。探望伤病者并不是越早越好，时间选择不好，会给病人及家属增添麻烦。例如，病人的病情很严重，刚刚做完手术需要静养，家属都在为病人的康复而发愁，此时你前去探病，就有些不合时宜。因为病人无法体会到你的盛情，家属也没有心思接待你。

探望病人前，要尽可能先了解病人的病情，可以向已经探望过的人了解，也可打电话向病人家属询问。倘若这两种方法都不能得知病人的病情，还可以到医院询问护理人员，然后再根据病人的病情确定探病的时间。

一般每天探病的最佳时间是上午 10：00—11：00，下午 2：00—4：00，最好不要选择清晨、中午、傍晚、深夜、饭前或饭后，因为这些时间是病人休息的最佳时间，如果你冒昧前去，很可能会影响病人休息。虽然你是一片好心，却不能收到好的效果。无论是在家里休养还是住院医疗，探望者都应该注意探病时间的选择。一般医院的特护病房，更是严格规定了探病时间。所以，探望病人时应遵守医院的探望时间规定，否则，不但会影响医院的正常工作秩序，还会影响病人的治疗和休息。

2）进入病房，宜先轻轻敲门，让病人感到自己仍然受人尊重。得到应允才可进入，因为有些病人可能在擦拭身体，或是在床上如厕，若贸然进入，病人会尴尬不已。

3）进入房间后，见到病人要像以前一样握手（不宜握手的病人除外），这样可以消除病人的戒备心理，同时尽快找把椅子挨着床边坐下，这会使病人有一种亲切的感觉。

4）探望病人的时间不宜拖沓，一般以 15～20 分钟为好，最多不超过半小时（除非病人要求作陪）。时间太长，会影响病人休息，如有其他探病的客人到访，应先行离去，才不会让病房空气不佳，也避免造成病人的疲累。

5）病床空间不大，与病人交谈时，勿坐在床沿，以免占用病床空间，让病人产生压迫感。

6）人在病中，会较敏感且意志力较弱，所以切忌当着病人的面，与其家属窃窃私语，以免引起病人的怀疑，以为自己病情多么严重。

7）当病人叙述病情时，应关切地聆听，有分寸地用乐观励志的话语鼓励病人，让病人充满信心。不要提及使病人不愉快或有损病人自尊心的事情。如病人不愿多谈病因时，则勿追问。

8）见到医院的各种治疗仪器，千万不要大惊小怪，以免增加病人的压力。

9）鼓励的话要多说。病人在生病期间，最希望得到他人的鼓励，适当地说些鼓励的话，会增强病人抵抗病魔的信心。在谈话过程中，不能讲伤害病人自尊心和自信心的话，因为这对病人的身体恢复起不到任何积极作用。

在与病人谈话时，还应该注意以下几点：谈话时要注意病人的忌讳。如果你探望的病人患了绝症，那么在谈话的过程中千万不要提及真情。即使是得了一般的病，谈话中也不宜提到病人的真实症状。与其问："您一直头疼?"倒不如较笼统地问："您最近感觉好些了吗?"当发现病人脸色憔悴时，也不能大惊小怪地问："您的脸色怎么这样难看?"而要说"这家医院的医疗条件不错，您的病马上就会好转的，您就放心养病吧"等。

要多说一些有益于养病的话。在与病人的谈话过程中，要向病人介绍自己或熟人治愈该病的经验，增强病人与疾病斗争的信心。此外，在谈话的过程中，可以对病人的家庭和工作单位大加赞叹，解除病人的后顾之忧，让病人专心养病。针对患者的焦虑心态要多说一些轻松、宽慰的话，或释疑开导，或规劝安慰，以利于病人恢复平静稳定的心情。不要向病人介绍道听途说的偏方、秘方，不要推荐未经临床实验的药物，万一你推荐的药物没有疗效，会耽误病人的治疗。

10）探望病人前，应当对病人所患的疾病和病情有所了解，如探望患传染病的病人，像伤寒、传染性肝炎、痢疾或流行性脑膜炎、流感、肺结核等病人时，要尽量避免接触病人的用具、衣服，更不要带小孩去医院。

（2）探望病人的礼物选择

按照民间习俗，探望病人总要携带些礼物，但是，礼物要注意根据病人的病情来挑选，不可随随便便。选择探望病人的礼物，应更多地注重精神效应。如一本有趣的画册、一束香味淡雅的鲜花、一份可口的食品，都会使病人感到生活的乐趣，增强战胜疾病的信心。

1）针对不同病症，有相应适宜的探病礼物，具体如下：

• 探望高血压、冠心病、胆囊炎、肾炎和高烧病人，宜带含有维生素的清淡食品，如新鲜水果、水果罐头、果汁等。

• 探望糖尿病人、水肿病人，可以带高蛋白质的食品，如奶制品、蛋类、肉松等。

• 探望气管炎、肺气肿、肺结核等咳嗽、咯血的病人，可送有补养、润肺、止咳作用的核桃、蜂蜜、银耳和梨等。

• 妇科病、贫血等病人，或孕妇、产妇，宜带营养、补血的红糖、鸡蛋、鲜虾、奶制品和豆制品等。

• 探望肝炎、低血糖等症患者，可带白糖、蜂蜜、大枣等。

• 探望胃肠道疾病患者，宜带些易消化、无渣的藕粉、麦乳精、果汁等。

• 探望肿瘤病人，宜送香菇、人参、水果等。

2）下列食品是探望病人不宜携带的：

• 探望有炎症类病人，不能送含动物蛋白质的食物，如肉、鱼、蛋等。

• 探望糖尿病人，不能送各种糖果、甜点心、水果、果汁等含糖食品。

• 急性胰腺病人必须禁食，只靠静脉输液维持，所以探望时不能送任何食品。慢性胰腺炎病人，因食物消化发生明显障碍，不能送高脂食物，如鸡、鸭、肉类、奶油、蛋糕等。

• 胃和十二指肠溃疡病人，不宜送奶油蛋糕、橘子汁、杨梅露、糟肉等刺激性的食品。

• 菌痢、肠炎病人，不能送香蕉、蜂蜜、奶油蛋糕、核桃等。胆囊炎、胆结石病人，不宜送含油量较多的食品。

七、使用卫生间

卫生间是人们每天都要光顾的地方，在卫生间里的行为举止也是一个人文明素养的最直接展现。

1. 看清标志

卫生间标志有用文字标注的，也有不少地方是用图案来代替的。男卫生间多是：烟斗、胡子、帽子、拐杖；而女卫生间则多以高跟鞋、裙子、阳伞、嘴唇等来表示。千万不要认错。在飞机、轮船、游览车、火车等交通工具上，卫生间是不分男女、大家共用的，使用前应先看清门上显示的是有人还是没人，不要贸然推门而进。如果卫生间内有人，应在外面安静等候，而不应频频敲门催促。

2. 讲究顺序

人多时，应主动在入口处排队。如果有年长者或是残疾人，应先让他们使用，并在需要的时候尽可能地予以帮助。在卫生间外边等候的人，不宜站在门的对面，最好是站得稍为远一点，这样于人于己都方便。

3. 注意卫生和清洁

卫生间最忌肮脏，所以在使用时应尽量小心，若有污染也要尽可能地予以清洁。妇女用品切忌顺手扔入马桶中，以免造成马桶堵塞。其他如蹲在马桶上或使用大量卫生纸，以至于后来者无纸可用等都是相当不妥的行为。只要心中为下一位使用者着想，自然很多事你都会考虑后再做了。

使用完卫生间，应自觉冲水，谨记“来时匆匆，去时冲冲”的规范，不要不管不问就扬长而去。洗手时，尽量不要将水溅得四处都是，如果不小心将水溅出来，则应用纸擦净。不要在洗手间里乱吐、乱扔其他东西。洗手后，应用纸巾或烘干机将手擦干或烘干，不可边走边甩，以免弄湿洗手台和地面。使用公共卫生间的厕纸不要“挥霍无度”，不要有“不用白不用”的想法，更不要将纸拿走。使用自来水和洗手液时也要遵守节约的原则。

4. 节约时间， 保持安静

应尽量缩短使用卫生间的时间，以避免他人过久等候。在卫生间内不要进行长时间的阅读、玩手机，也不要吸烟，否则可能会妨碍他人。在卫生间内还要注意不要发出怪声响，如迫不得已，也要以冲水的声音来加以掩饰，否则会使自己以及外面的人感到难堪。

5. 保持礼节

在卫生间里，有人高谈阔论，有人传播小道消息，有人独自放歌，有人信笔涂鸦，这些行为都是不文明的表现。

在开放式的公共卫生间内，盯着他人看是非常失礼的行为。男士在小便的时候切不可左顾右盼、瞻前顾后、东张西望，目视前方或抬头看天花板等避免直视他人的做法是不错的选择。

6. 带孩子上卫生间的注意事项

父母带着年幼的孩子一起上卫生间的情况十分普遍，一般来说，稚龄儿童是可以和父亲或母亲一起使用卫生间的，但是不成文的规定是，母亲可以带着小男孩一起上女厕，而父亲则不可以带女孩上男厕。

第二节　公共交通

学习目标

◆掌握并践行行路、骑自行车的文明常识。

◆掌握并遵守乘车、乘飞机的文明常识。

◆掌握乘电梯的文明常识，规范自己在公共交通体系中的行为。

一、行路

走路，又称步行，是每个人最基本的行为动作，也是文明常识中必不可少的内容。走路必须自尊自爱，以礼待人，要遵守交通规则和普遍通行的文明常识，而且在不同的行走条件下还要遵守各自不同的具体要求。

1. 行路基本文明常识

（1）不吃零食，不吸烟

在路上行走时不要吃零食，这样不仅吃相不雅、不卫生，而且还有可能给其他行人造成不便，妨碍他人。行走时也不要吸烟，那样会令人望而生厌。

（2）不乱扔废物，不随地吐痰

行走时，应将废弃物品投入专用的垃圾箱，不要随手乱丢。同时，在路上若需要清嗓子、吐痰，应在旁边无人时，将痰吐在纸巾里包好，然后投入垃圾箱。不要将其咽下，更不能随地乱吐，也不能直接吐入垃圾箱。

（3）不尾随围观

街头发生意外时，切莫围观、起哄。对于陌生的异性，不要频频回首顾盼，更不能尾随其后进行骚扰。

（4）不毁坏公物

对公共场所的各种设施、物品，要自觉爱护。不要攀折树木、采折花卉、践踏绿地、草坪或在墙壁上信手涂鸦、划痕。

（5）不窥视私宅

对毫不相干的私人居所，不要贸然上前打扰。不要在别人家的门口、窗口、墙头偷偷观望，窥视他人的隐私。

（6）不违反交通规则

走路时要遵守交通规则。过马路要走人行道、天桥或地下通道，要看红绿灯或听从交警指挥。不要乱闯红灯，翻越隔离栏，或在马路上随意穿行。

2. 不同场合行路文明常识

在不同道路、不同场合下走路时都有相应的文明常识，详见表4—1。

表4—1 不同场合行路文明常识

序号	场合	文明常识
1	道路行走	•在道路上行走时，要自觉地走人行道，不要走行车道，还应自觉让出专用的盲道。无人行道时，应尽量选走路边 •在道路上行走时，按惯例应自觉走在右侧一方，不可逆行左侧一方 •在道路上行走时，不要多人携手并肩前行，以免阻碍别人行走 •在道路上行走时，应保持一定的速度，不要行动太慢，以免阻挡身后的人。不要在路上停留、休息或与人长谈
2	上下楼梯	•上下楼梯均应靠右单行行走，不应多人并排行走 •为人带路上下楼梯时，应走在前面 •上下楼梯时，不应进行交谈。更不应站在楼梯上或楼梯转角处进行深谈，以免有碍他人通过 •若是男性，与长者、异性一起下楼梯时，如果楼梯过陡，应主动行走在前，以防对方有闪失 •上下楼梯时既要多注意楼梯，又要注意与身前、身后之人保持一定距离，以防碰撞 •上下楼梯时，应注意姿势、速度。不管自己有多么急的事情，都不应推挤他人，也不要快速奔跑
3	出入房间	•注意房门的开关。出入房门时，要用手轻推、轻拉、轻关，不能用身体的其他部位代劳 •注意面部朝向。进门时，如果已有人在里面，应始终面朝对方，不能反身关门，背向对方。出门时，如果房间有人，应在到达房门、关门这一系列动作的过程中，尽量面朝房间里的人，不要背对他们 •注意顺序。一般情况下，应请长者、女士、来宾先进入房门；若率先走出房门，应主动替对方开门或关门。若出入房间时正巧他人与自己方向相反出入房间，应侧身礼让。具体做法是房内之人先出，房外之人后入。对方是长者、女士、来宾时，可让他们先行
4	通过走廊	•通过走廊，应当单排行进，至多允许两人并排行走在一起 •通过走廊，应当靠右侧走。在通过仅容一人通过的走廊与人相遇时，应面向墙壁，侧身相让，请对方先通过。若对方先这样礼让你，要向其道谢 •通过走廊，应当轻缓而行。若快步奔走，大声喧哗，制造噪声，会干扰别人 •通过走廊，应当循序而行。不要跨越走廊的栏杆

续表

序号	场合	文明常识
5	拥挤之处	•不要在一个地方逗留过久。不要停下来聊天、休息、看热闹 •不要阻挡他人的通过，更不要在这种场合与人拉手、挽臂、勾肩、搂抱而行。携带东西时，最好抱在身前，或用手提 •这类地方行人太多，行走时不要手舞足蹈，以免生出事端 •不要大喊大叫，大吵大笑。与人交谈时，切记降低音量，能让对方听清楚即可

二、骑自行车

中国是自行车王国。我国的自行车产量和骑自行车上下班的人数，在世界上是首屈一指的。每当上下班的高峰时间，几乎每条马路上都可见到骑车人的身影。即使在深街小巷，同样也可看到自行车穿梭来往。因此，文明骑自行车是交通礼仪中的重要一环。

1. 遵守规则

自行车既然是交通工具，那么骑行就要遵守交通规则。这既是公共安全的需要，也是骑行人文明礼仪最基本的要求。主要包括以下方面：

第一，骑车时，不应逆行，不要闯红灯。在车流比较集中的路段，不要随便改变行驶路线，不转小弯，不互相追逐或曲折竞驶，拐弯前应先打手势。

第二，不在市区骑车带人。不载重货，如果自行车负载太重，必然惯性也大，遇到紧急情况刹车不及时，容易造成交通事故。

第三，骑车时不要接打手机，不要撑伞。雨天应该穿雨衣，最好选择鲜艳的雨衣，如黄色。应避免成群结伴并排骑车，骑车时不勾肩搭背，也不要和同伴互相嬉戏。

第四，不能酒后骑车，也不要在机动车道上骑行，更不能骑到高速公路上。

2. 礼让行人

在骑自行车时，不要倚仗自己车技高明，在人丛中横冲直撞，也不要在行人背后猛然揿铃，使别人受到惊吓。骑车过道口时，自行车要主动礼让行人。遇到有些老年人动作迟缓，骑车人要给予谅解，不要动辄厉声呵斥、恶语相加，这是很不礼貌的。

3. 事故处理

假如不小心剐碰了他人，即便被剐碰人没有受伤，也要赶紧下车，并主动道歉。

如果对方被撞倒了，要赶快下车搀扶；如已致伤，则应立即陪送就医，必要时还应尽快通知伤者的家属或报警。如果伤了人不负责任甚至溜走，是极不道德、甚至是触犯法律的行为。

4. 礼貌下车

骑车进入有人把守的工厂、学校或机关、营房的大门时，要下车推行，并办好进门登记手续，不能旁若无人地长驱直入。

有些城市的街道、弄堂很狭窄，为了表示对当地居民的尊重，也应下车推行。

三、乘车

1. 乘坐轿车

轿车的特点是舒适、快速，许多人在乘坐轿车时一味地追求速度，而忽略了礼仪问题。乘坐轿车时，应该注意的文明常识包括座次、举止和上下车顺序等。

（1）座次

目前，国内所见的轿车大多是双排座或三排座。乘车时一定要根据乘车人的身份及社会地位，选择合适的位置就座。

就双排五座轿车而言，一般情况下，由主人亲自驾驶时，座位顺序应当依次是：副驾驶座、后排右座、后排左座、后排中座，如图 4—1 所示。由专职司机驾驶时，座位顺序应当依次是：后排右座、后排左座、后排中座、副驾驶座，如图 4—2 所示。

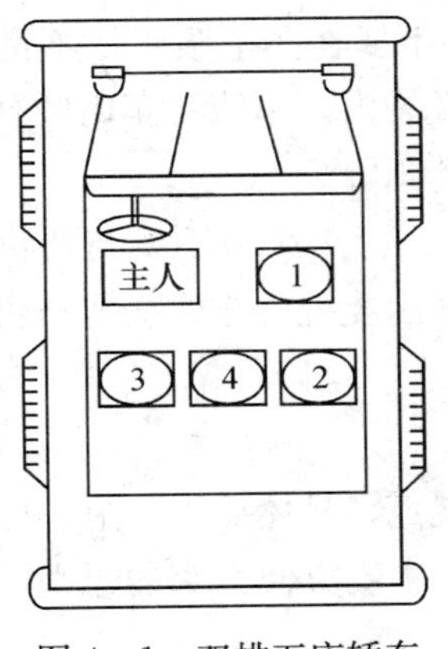

图 4—1　双排五座轿车

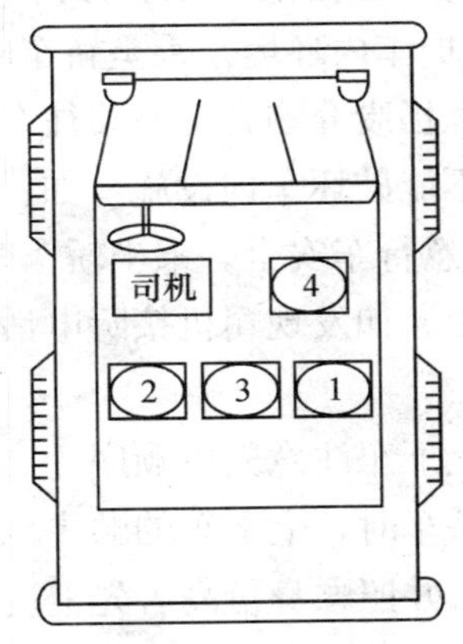

图 4—2　双排五座轿车

就三排七座轿车而言，一般情况下，由主人亲自驾驶时，座位顺序应当依次是：副驾驶座、后排右座、后排左座、后排中座、中排右座、中排左座，如图 4—3 所示。由专职司机驾驶时，座位顺序应当依次是：后排右座、后排左座、后排中座、中排右座、中排左座、副驾驶座，如图 4—4 所示。

（2）举止

乘坐轿车时，一定要注意自己的行为举止，尤其是与其他人一同乘坐时，轿车就犹如一个可移动的公共场所。需要注意的文明常识有以下几个方面：

1）动作要文雅。女士一般喜欢穿短裙，在乘坐轿车时要注意，上车时应背对车门，坐下后再将双腿移上车；进车后，双腿并拢而坐；下车时，面对车门，待双腿着地后，再移身车外。在轿车上应注意举止，切勿东倒西歪。情侣一同乘车时，要端正坐姿，如果做出过于亲昵的举动，是十分不雅的。

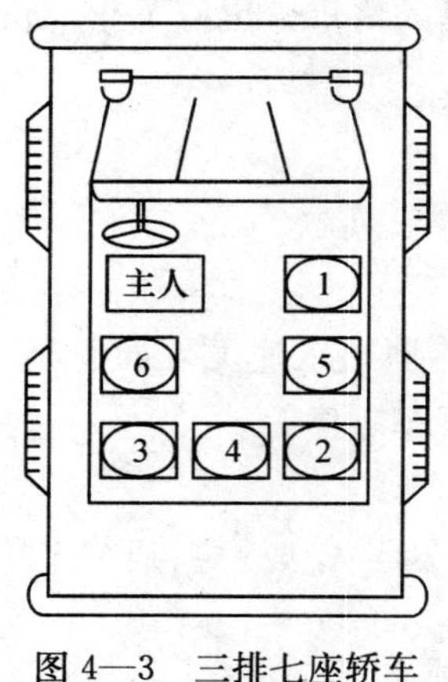

图 4—3　三排七座轿车

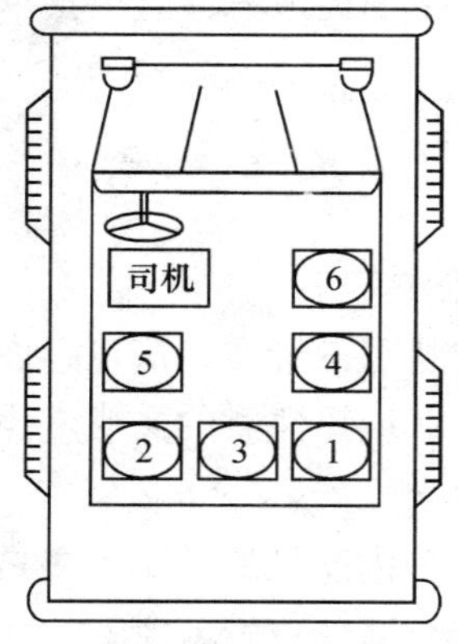

图 4—4　三排七座轿车

2）有序上下车。乘坐轿车时，不抢坐、不推推搡搡、不拉拉扯扯、不为同行人抢占座位，而应该相互礼让、有序上下车。

3）维护车内环境。乘坐轿车时应该维护车内卫生，不要在车上吸烟，不乱扔吃剩的果皮核，不乱扔废弃物，也不要往车外丢东西。吐痰到垃圾袋内。不能在车内脱鞋、脱袜或换衣服，更不能破坏车内设施，如：双脚蹬踏坐椅、乱抠乱画等。

4）注意行车安全。乘坐轿车时，首先应系好安全带。行车途中不要与司机交谈，以防止司机分神。如发现司机接听电话或边开车边说话，应采用委婉的方式提醒司机注意行车安全。

（3）上下车注意先后顺序

乘坐轿车时，上下车的顺序也应该遵守一定的礼仪规范，具体要求如下：一是身份低者后上先下，并照顾身份高者先上后下。二是多人乘车时，本着方便大家的原则，座位靠外的人后上先下，座位靠里者先上后下。

2. 乘坐公共汽车

公共汽车是城乡主要的交通工具，同时也是公共场所之一。在这小小车厢的方寸之间，应对进退的礼貌却大有学问。

（1）遵守乘车守则

如果等候公共汽车的人较多，应该自觉地以先来后到为顺序，排队候车、排队上车。排队时，应站在站台上，不要拥入街道之上，妨碍交通。上车时相互推挤是不礼貌的行为。遇有残疾及行动不便者，应主动给予帮助。绝不可凭借自己身强力壮，车尚未停稳便推开众人往上挤，这样不仅显得十分野蛮而且极不道德，并且还容易出危险。

上车后，应该尽量往里走，不要拥堵车门。应主动购买车票，并给老、幼、病、残、孕者让座。行车期间不要与司机交谈，不携带易燃易爆危险品，不在车厢内吸烟，不随意丢弃果皮壳，不随地乱扔废弃物，也不要将头、手和身体伸出车外，更不要无故跳车。下车时，要等公共汽车停稳后依次下车。

(2) 懂文明讲礼貌

一般情况下，登上公共汽车后，如果看到车上仍有很多座位，应该尽量不坐老弱妇孺专座。如果大家都已就座，只剩下老弱妇孺专座，那么暂且坐下无妨，但在下一站若有老弱妇孺上车，第一个必须起立让座的就应是这个座位上的乘客，这是毋庸置疑的。乘坐公共汽车时，遇到老人、病人、孕妇和抱小孩的妇女，应该主动上前搀扶，并给他们让座。如果他人将座位让给自己时，要真诚地向对方道谢，如果自己马上就要下车了，可以向对方说明，同样应该真诚地跟对方说一声“谢谢”。

乘车时，切忌在车上高声说笑，即使你的谈话兴致再高也要等下车后再说，以免影响他人收听站名播报。在车上想打喷嚏时，应该用纸巾捂口，防止唾沫四溅。不小心踩到或碰到他人时，应及时、诚恳地向对方道歉，如果对方不接受你的道歉，也不要与之发生冲突。被踩、碰的一方，不要得理不饶人，应表现得大度一些，接受他人道歉。

乘车时，要保持衣着整齐。夏季更要注意衣着问题，不要穿过分随便、太短太露的衣服，更不能赤膊赤足。雨雪天乘坐公共汽车时，上车后应把雨具收拾好，以免弄湿别人的衣服和物品。在公共汽车上，应该把自己随身所带的物品放到适当的位置，不要让它占座位或挡路。

(3) 提前做好下车准备

在车辆到站以前，应提前做好下车准备。如果自己不靠近车门，应该先礼貌地询问前面的乘客是否下车，如前面的乘客不下车，要设法与其调换一下位置。提前做好下车准备可以节约大家的时间，提高公共汽车的运行速度。

公共秩序需要大家共同维持，这需要人人讲文明懂礼仪，将社会公德摆在首位。

3. 乘坐火车

火车是人们出门远行的重要交通工具之一。乘坐火车时，上车、寻位、休息、用餐、交际都包含着许多文明常识，需要人们认真学习。主要包括如下几个方面：

(1) 上车

1) 凭票上车。乘坐火车时，应事前买票，持票上车。如因情况紧急来不及买票，可先购一张站台票上车。需要提醒的是，上了车以后需要尽快找到乘务员去办理补票手续，千万不能逃票，这是十分不文明的行为。

2) 有序上车。等待检票要排队，等火车停稳后再上车。上车过程中不要推搡和拥挤，而应该有序上车，相互礼让。

3) 要在指定车次处上车。坐火车一定要乘坐车票上所指定的车次，并在本车次门口进入，避免因上错车次，给乘务员或其他乘客增添麻烦。为防止上错车次，在上车前最好向乘务员进行确认。

(2) 寻座

1) 中途找座。中途上车找座位时，不要拥挤、抢座，遇到有空座位时，应先礼貌地向旁边人询问该座位是否有人，如果没有人再就座。

2）不占位子。身边有空位时，不要将自己的行李放在上面。即使车厢的人行道上没有站着的乘客，也不应这样做。如果还有站着的乘客，应主动请其就座，不要对他人的询问不理不睬，也不能说假话欺骗对方。

3）让座。乘火车时，也应主动给老、幼、病、残、孕者让座。

（3）休息

1）穿戴整齐。火车同样属于公共场所，因此要求穿戴要整齐。在卧铺车厢内休息时，不应像在家里一样随便，脱衣休息是十分不雅的。坐硬座的乘客，不应当众脱鞋脱袜和脱、换衣服。

2）规范姿势。乘车期间，不要东倒西歪，不要随意趴在坐席上，也不要将头或身体靠在他人身上。在卧铺车上休息时，恋人、配偶最好不要在同一张铺位上休息，也不能做出过于亲昵的举动。在座席车上休息时，不要卧倒于坐席上下、茶几上、行李架上或过道上，不要靠在他人身上或把脚放到对面的座位上。也不要注视他人的睡相和睡前的准备。

3）带好孩子。带小孩一同乘车的大人，要管好自己的孩子，不要让孩子在车厢内随地大小便、追跑打闹、乱动他人物品或纠缠他人。

（4）用餐

1）不抢占座位。用餐时，不要抢占座位，或以就餐为名在餐车休息、聊天。而应该抓紧时间，用完餐后立刻离开，给其他需要用餐的乘客让位子。在火车上就餐还应该注意，不要大吃大喝、划拳、行酒令等。去餐车用餐时，如果人数过多，应该耐心排队等候。

2）就餐“四不”。在车厢内就餐的乘客，不要吃他人的食物；自己吃剩的东西不要随便乱扔，也不能从车窗向外抛；最好不要吃具有刺激性气味的食物。

（5）交谈

1）主动打招呼。上车后，应主动与邻座打招呼。也可以进行简单的自我介绍。如果对方的态度不是十分热情，礼貌性地点一下头即可。

2）把握谈话尺度。与其他乘客交谈时，不要涉及个人隐私，要把握好分寸。不要漫无边际地胡吹乱侃，当有人有意与你聊天时，要礼貌应答。与异性交谈时，应保持一定距离，不要过于亲密。当他人没有兴趣或打算休息时，应适可而止。有人跟自己交谈时，应进行合作，不要置之不理。

3）互相帮助。出门在外，要相互帮助。在火车上，大家尽管是萍水相逢，也算是有缘千里来相会，因此彼此间要相互关心、相互照顾。别人的行李拿不动时，应伸出援手。有人前去用餐或去卫生间方便时，可受托为之照管行李和孩子。别人的行李掉了，应主动帮其拾起。有人晕车或生病时，应多加关心体谅。对待别人的帮助，要真诚地说声“谢谢”。

（6）下车

1）做好下车准备。在到达目的地前10分钟，就应该做好下车准备，以免到站后手忙脚乱。

2）与邻座道别。下车前，应与较“熟悉”的邻座说声“再见”，虽然彼此还称不上是朋友，也没有必要交换地址或电话号码，但礼貌的道别还是必要的。下车时，还应向乘务员说一声“再见”或“谢谢”。

3）有序下车。下车时，应自觉遵守下车秩序，不要硬挤。虽然大多数人都认为，坐火车是一件十分枯燥、劳累的事情，但如果能掌握一些乘火车的礼仪规范，会缓解疲劳的身心，说不定还能交到知心朋友。

4. 乘坐地铁

为了安全、迅速地抵达目的地，在乘坐地铁时，应该注意如下方面：

（1）遵守地铁规定

乘坐地铁时，应遵守地铁内的规定，不要携带易燃、易爆危险品；不要食用刺激性气味强的食品；不要携带枪支弹药等具有杀伤力的物品；不要携带动物、家禽以及有可能威胁他人人身安全或影响地铁设施安全的物品。

（2）文明乘车，礼貌让座

为了使每位乘客舒适、轻松地出行，在乘坐地铁时，应文明乘车、礼貌让座。车厢内禁止吸烟、乱扔果皮壳、随地吐痰和乱扔废弃物等。禁止把脚放在座位上妨碍其他乘客就座。在地铁内应减少不必要的停留，禁止在地铁车站、车厢内赌博和贩卖物品。要正确使用自动扶梯，乘自动扶梯时，应靠右站稳，并照顾好老人和小孩，不要在自动扶梯上追跑打闹或多人并排站在同一台阶上。

按顺序排队买票，持票上车，不要损坏、丢失车票，以免给他人和自己带来麻烦。乘车时遇到老、幼、病、残、孕乘客应主动搀扶并让座。

（3）安全乘车，相互礼让

为保证安全，乘客应做到相互礼让，不要拥挤。候车时，不要跨越安全线，并排队等车。不要在站台边缘与安全线之间行走、坐卧和放置物品。地铁列车进站时，要等车停稳妥后按顺序上车。上下车时，要注意倾听开、关门时的提示警铃，不要抢上抢下，以免夹伤。乘车时，不要紧靠车门或用手抠门缝，以免发生意外事故。下车或候车时，如果不小心将物品掉到地铁轨道上，切忌跳下轨道取物，而应及时通知地铁内的工作人员，请他们帮忙解决。不要误用车厢内的紧急停车手柄，不要随意玩、按车厢内的警报器，以免造成不必要的混乱。

（4）注意正确的站姿和坐姿

在地铁车厢里应该保持端正的站姿，这样才会给人挺拔的感觉。为了让自己在列车前进的过程中保持身体平衡，双脚可以稍微叉开一些，但双脚之间的宽度不要超过肩膀的宽度。如果你仍不能保持平衡，可以抓住扶手或吊环。但注意不要将身体靠在竖立的钢杆上，或双手抱住它不放，这些失礼的动作无疑会“侵占”其他乘客的空间。如果路途比较远，站立过久支持不住时，可以将左脚与右脚的间距放宽些，或者将一条腿稍稍弯曲，以缓解疲劳。

在乘坐地铁的过程中，坐在座位上也不要采用无精打采、自由散漫的姿势。切忌双腿随意乱晃、跷二郎腿，甚至把脚伸到过道上，这些都是很不文明的行为，而且还会妨碍其他的乘客。对于女性乘客来说，并腿而坐的优雅坐姿尤为重要，如果女士穿的是裙子，一条腿可以自然地放在另一条腿上，但是双脚不要跷的太高。男性乘客则要注意不可叉开两腿仰靠在椅背上，不要不断地抖动双腿，或歪向一侧。特别是当身边坐着女性乘客时，两腿要自然垂放，两手放于身前，身体保持端正。

（5）保护地铁设施

应爱护车厢内的环境卫生和公共设施。禁止攀爬、跨越地铁护栏、围栏、栏杆等。爱护地铁车站内的自动售票机和出入口闸机。

一个人素质的高低，可以从乘车时检验出来。文化修养较高的人，能做到遵守乘车礼仪规范，而素质较低者，则可能出现种种劣迹，引发不必要的麻烦。

四、乘坐飞机

随着人们生活水平的提高，飞机已成为最受欢迎的交通工具之一，人们出门旅行、办事，都愿意乘坐飞机。一般情况下，乘飞机需要注意以下三个方面：登机前的文明常识、上飞机后的文明常识、下飞机和出机场的文明常识。

1. 登机前的文明常识

（1）提前到达机场

一般情况下，国内航班需提前 2 个小时到达机场，国际航班要提前 3 个小时到达。以便留出充裕的时间托运行李、检查机票、身份证和其他旅行证件。乘飞机时，可能会遇到这样的情况：自已要乘坐的那次航班起飞的时间就要到了，而自己还在长长的人群后面等待检票。此时，心中不免会产生焦虑。为了避免这种情况发生，乘坐飞机时，就需要尽早到达机场，为登机做好充分的准备。

（2）行李定量

航空公司对行李的重量有严格的要求，一般国内航班控制在 20 千克以内，国际航班控制在 40 千克以内，不同航班还有不同的要求。乘客在乘飞机时，应该注意控制行李的重量，既可减少托运产生的费用，也可减少不必要的出行麻烦。托运行李前，应整理好自己的行李，将小件物品集中到一个大袋中，这样能防止物品遗失，抵达目的地时也方便认领。

（3）持卡登机

登机时需要持登机卡，有的航班在买机票时就把登机卡与机票一同交给乘客，有的航班则是在登记行李时，再由工作人员为你选择座位卡，后者比较常用。如果没有提前预订机票，需在大厅的机票柜台买票登记，然后耐心等待其他持票乘客登机结束后，再由工作人员安排座位。登机卡一般是在候机室和登机时出示。

（4）配合安全检查人员的工作

登机前，乘客需要积极配合安全检查人员的工作，将有效证件，如：身份证、军官证、警官证、护照、台胞回乡证等和机票、登机卡一同交由安检人员查验，通过安检门时需将电话、传呼机和金属物品放入指定位置，手提行李放入传送带。飞机上不得违规携带有碍飞行安全的物品。通常规定：任何乘客均不得携带枪支、弹药、刀具以及其他武器，不得携带一切易燃、易爆、剧毒、放射性物质等危险物品。一切检查程序结束以后，再进入候机室等待登机。

接受例行的安全检查时，务必主动、自觉地进行合作。不要认为事不关己而拒绝配合，或是态度粗暴，表现得极不耐烦，甚至对安全人员冷嘲热讽、恶语相伤。在接受检查时若态度恶劣或胡言乱语，是没有修养的表现，同时也可能会受到处罚。

（5）换取登机牌

每位乘坐飞机的旅客在登上飞机之前，必须在机场内的指定之处换取登机牌，然后凭登机牌登机，否则将不能登机。换取登机牌的时候，必须向工作人员出示机票、身份证或其他须提供的有效证件。换取登机牌之后，应对其加以妥善保存，若其丢失，也将难以登机。

2. 登机后的文明常识

（1）对号入座

飞机舱位一般分为两种，一种是头等舱，一种是经济舱。头等舱价格较经济舱高，服务设施要优于经济舱。由于机舱的等级不同，乘客在登机后要对号入座，以免造成不必要的麻烦。

（2）起飞前的准备

应认真向乘务员学习使用降落伞和氧气面具的方法，以备不时之需。就座以后，应自觉系好安全带。飞机起飞之前，乘务人员都要巡视、检查每位乘客的安全带是否扣好、座位是否调好、身前小桌板是否收起、窗口的遮光板是否打开，此时务必要服从其指挥。

万一遇上飞机晚点、停飞、返航或改降其他机场的情况，应从大局着想，耐心等待。不要拿乘务人员出气，更不要煽动乘客闹事。乘务人员的工作十分辛苦，因此要尽量少给他们增加麻烦。不要动不动就按呼叫按钮，让他们在机上跑来跑去。

（3）起飞后的要求

1）飞机起飞后要遵守机舱内的规定，不吸烟、不使用移动电话和便携式计算机、游戏机等，以免影响飞行安全。

2）对飞机上的一切禁用之物、禁动之处，都要严格遵守，不可出于好奇而乱摸、乱动，否则有可能危及飞机上全体乘客的生命安全，每个人都要对自己和其他乘客的生命安全负责，这一点尤为重要。

3）飞机飞行过程中，可以与邻座进行交谈。也可以主动向对方问好，如有必要，可以作简单的自我介绍。如果邻座不愿意与你交谈，则不要勉强对方，如遇到健谈的人，可以与他聊些轻松、愉快的话题。不要盯视、窥视素不相识的乘客，也不要与其谈论令人不安的劫机、撞机和坠机事件，从而增加其他人的心理压力，制造恐慌。

4）在飞机上休息时，虽然座椅可调整，但应该考虑到前后座乘客的感受，尽量做到不妨碍他人。

5）每逢乘务人员送来饮料、食物、报刊，或是帮助搬放行李时，要主动向对方说声“谢谢”，不要熟视无睹、安之若素。

（4）注意保持机舱内的环境卫生

因晕机呕吐时，应使用机上专用呕吐袋，避免将呕吐物吐到机舱地板上，影响周围环境。倘若晕机现象非常严重，可打开头顶上方的呼唤信号，请乘务员帮助解决。飞行过程中不要脱下鞋子以免异味影响他人。

（5）按顺序使用卫生间

乘坐飞机时，去卫生间要按次序等候，并保持其清洁。

3. 下机及出机舱的文明常识

飞机停稳后，应带好随身物品，按次序下飞机，不要相互拥挤、推搡或抢先出门，这是不礼貌的行为。飞机未停稳时不要抢先打开行李舱取行李，以免行李摔落伤人。

一般情况下，机舱门口两边会各站着一位空中小姐，为乘客提供服务，当你在空中小姐身边经过时，应礼貌地致谢，而不要视而不见，置之不理。

国际航班上下飞机后要办理入境手续，通过海关领取托运行李。如一时找不到自己的行李，不必着急，可通过机场行李管理人员按照行李登记卡进行查找，并填写申报单交给航空公司。如发现行李丢失，可凭借行李登记卡让航空公司给予赔偿。

掌握乘飞机的文明常识，可使人们进一步了解乘飞机的方式、方法和注意事项，减少不必要的麻烦，使出行更为顺利。

五、乘坐电梯

1. 乘坐电梯的一般文明常识

（1）如果有很多人在电梯门口处等候，不要挡住电梯门口，以方便电梯内的人出来，而且应先让电梯内的人出来之后方可进入，不可争先恐后往里面挤。

（2）等到电梯里的人全部走出来以后，靠电梯最近的人可先上电梯，然后按住“开门”按钮，男士、晚辈或下属应站在电梯开关处提供服务，并让女士、长辈或上司先行进入电梯，自己再随后进入。

（3）电梯内由于空间狭小，千万不可抽烟，不能乱丢垃圾。

（4）进入电梯后，正面应朝着电梯口，以免造成面对面的尴尬。进入电梯后，依次按亮自己所要去的楼层，如果离按键太远，可让离电梯按钮近的乘客帮忙，并使用礼貌用语表示感谢。

（5）在电梯里的人应尽量靠边站或者站成“凹”字型，腾出空间，以便让后进入者有地方可站。

（6）在乘电梯时最好不要聊工作，不要打重要电话，在电梯内也不应大声交谈和喧哗。

（7）后来站在电梯门口的人，在其他人下梯的时候，如果电梯里人很多，有必要先走出去，以方便让别人出去。站在里面的人，在快到自己的楼层时，最好提前换到电梯门口，方便下梯。站得过于靠里时，请用上“借过”“请让一让”等礼貌用语。

（8）即使电梯中的人都互不认识，站在开关处者，也应该做好开关电梯的服务工作。

（9）如果你是伴随客人或长辈来到电梯门前时，要先按电梯的叫梯按钮，等到电梯门开了的时候，可以请客人或者长辈先进电梯。如果人数较多，可以自己先进入电梯，按住“开门”按钮，礼貌地说“请进”，请客人或长辈们进入电梯。

进入电梯后，按下客人或长辈要去的楼层按钮。在电梯内尽量侧身面对客人。到达目的楼层后，一手按住“开门”按钮，另一手做出请出的动作，可以说：“到了，您先请！”待客人走出电梯后，自己立刻步出电梯，并热诚地引导行进的方向。

2. 乘坐电梯特别提示

（1）如果需要上的楼层较低，请尽量选择走楼梯，既能锻炼身体，也可以节约别人的时间，节约电能。

（2）危险性动物请勿带入电梯，如果随身携带宠物，进入电梯以后要管好自己的宠物，最好用绳索拴着并抱在怀中，不要让你的宠物在其他人身边嗅来嗅去，更不要让你的宠物碰到其他的人。

（3）乘坐电梯时，如果遇到故障等特殊情况，应提示大家不要慌张，并把自己掌握的应急措施告诉大家，以减少受伤几率。同时拨打梯内标注的求救电话，或者拨打“119”公共救助电话。

电梯的空间虽然狭小，却是大家共用的，只有遵守乘电梯的相关礼仪，大家在乘电梯时才会感到便利和舒适。

思　考　题

1. 看电影、演出有哪些文明常识？
2. 购物过程中顾客和售货员有哪些文明常识要求？
3. 宾馆住宿的基本文明常识有哪些？
4. 就医探病有哪些文明常识？
5. 行路有哪些文明常识要求？
6. 骑自行车有哪些文明常识要求？
7. 乘坐轿车、公共汽车、火车、地铁分别有哪些文明常识要求？
8. 乘坐飞机的文明常识有哪些？
9. 乘电梯的文明常识要求有哪些？

第五章 家庭生活文明常识

本章导读

家庭是社会的最小单位，家庭生活中的文明常识也往往最容易被忽视。本章的学习目的就是让大家知晓家庭成员之间相处以及和邻里相处的基本常识，规范日常家庭生活行为，创建和谐快乐的家庭氛围和良好的邻里关系。

第一节 家庭成员相处

学习目标

◆掌握夫妻间相处的规范与禁忌。

◆掌握长辈与子女间相处的规范。

一、夫妻相处

结婚使恋爱的两个人关系发生了质的变化，这是跨入家庭生活的一个重要的里程碑。男女结为夫妻，就意味着要白头偕老、同甘共苦，共同走过漫长的人生之旅。而礼仪则是夫妻生活的柔和剂，在家庭生活中起着至关重要的作用，它决定着家庭气氛的融洽程度，关系着夫妻生活是否美满幸福。

1. 尊重为本并注重细节

（1）以礼相待

在日常生活中以礼相待是夫妻相处最基本的礼仪。不管事情大小，夫妻间都要友好、和谐地相互商量，这有利于营造和谐、民主的家庭气氛。独断专行、我行我素是破坏夫妻感情的罪魁祸首。有些夫妻对生活琐事不屑一顾，就连外出时的道别、回来后的问候都认为是件麻烦事，殊不知，这正是维系夫妻情分的重要因素之一。忽略了这些细小的礼仪，将不利于加深和融洽夫妻感情。

（2）意义重大纪念日的情感表达

夫妻双方对结婚纪念日和对方生日应铭记在心。特别是女性，对这些意义比较重大的纪念日记得非常清楚。此时，丈夫的一句贴心话语、一束鲜花、一件小礼品都可能令妻子激动不已，从而达到了增进夫妻感情的目的。

（3）小别为常莫相忘

出差或外出归来时，记得给爱人带件礼物，可有效增进夫妻感情。尤其是女人，虽然需求欲较强但也非常容易满足，外出回来时为她买一套衣服、一条围巾、一盒化妆品，都可能赢得妻子更多的爱与关怀。

（4）适当平衡爱的给予

孩子是维系夫妻感情的纽带，对营造和谐的家庭气氛起着不可忽视的作用。道理虽然如此，但现实生活中因为孩子而导致夫妻感情出现隔阂的家庭也不少。原因是许多妻子做了妈妈以后，就将所有的爱全部倾注到孩子身上，无暇顾及自身的言行举止、装饰容貌及丈夫的感受。长此以往，很可能破坏融洽的家庭气氛。和谐、融洽的家庭环境是孩子茁壮成长的首要条件，也是增进夫妻感情的必要条件。因此，夫妻双方都要掌握平衡爱的付出的技巧。

（5）相互称赞

夸奖、鼓励的话语人人都喜欢听。因为它能满足人的自尊心与虚荣心，即使是老夫老妻之间也当如此。当爱人取得一些成绩时，应不失时机地赞美几句，虽然很简单，却能起到重要的作用。

（6）相互谦让

相互理解、相互谦让会使夫妻感情更加深厚、和谐。彼此间多一分关爱，多一分支持，夫妻感情才能天长地久，家庭生活才能其乐融融。在现实生活中，许多夫妻不懂得礼让，结果造成感情破裂、家庭破碎。俗话说“退一步海阔天空”，家庭生活也同样如此。

（7）尊重个人隐私

虽说夫妻双方应坦诚相待，但人人都会有一些不愿提及的隐私，夫妻双方应尊重对方的隐私，不要抓住一件事就追究到底，这对培养与维系夫妻感情没有任何好处，给对方留出一些收藏隐私的空间，会得到对方更多的爱。

（8）经济问题透明化

家庭生活中，对待钱财不能一方独揽大权，夫妻双方都应享有知情权和理财权。遇到重大消费问题，夫妻应本着共同协商、共同决定的原则，使家庭开销透明化，这对双方都有好处。

2. 夫妻交谈禁忌

夫妻之间，尤其是老夫老妻之间，可能会因为彼此亲密无间，说起话来不会顾忌太多。但是问题具有两面性，有些时候夫妻之间的交谈必须有所顾忌。什么话能说，什么话不能说，都应该做到心里有数。否则，很可能伤害夫妻感情。夫妻间交谈禁忌有以下几点：

（1）不要轻易说离婚

夫妻间最忌讳的话就是“离婚”，这是最让人伤心的话。有些夫妻为了逞口舌之快，一闹矛盾就把“离婚”挂在嘴边，其实心中并没有真想离的意思，无非是想吓唬、降服对方。可这会严重伤害爱人的心，很可能会以同样的话来回应你。这样一来，双方本无分手之意，只因逞一时的口舌之快便分道扬镳了。这种做法是十分不明智的，很可能遗憾终生。

（2）挑拨离间的话不能说

亲情、爱情和友情是一个人一生中最大的财富，缺一不可。不管出于何种目的，夫妻双方都不能无故或借故贬斥亲情、友情和爱情，否则会破坏对方的人际关系网，伤害夫妻间的情分。道理虽然如此，但生活中依然存在着一些喜欢挑拨爱人与亲戚、朋友、乡人关系的人，总想激化爱人与亲朋好友间的矛盾，以此来达到某种目的。殊不知，这些人挑拨的不是爱人与亲朋好友间的关系，而是在为夫妻间的感情制造障碍，久而久之，爱人会对你大失所望，认为你是一个尖酸刻薄、没有人情味的人。由此可见，挑拨的最终结果是伤害夫妻感情。

（3）疏远、厌恶的话不能说

夫妻间争争吵吵是在所难免的，但在争吵过程中，讲话要把握一个度，疏远、厌恶的话绝对不能说，否则会伤及对方的内心深处。有些夫妻在争吵时总喜欢讲：“我怎么会找你这种人，既没修养又没素质，当初我真是瞎了眼，嫁给你这种人。”还有人会说：“嫁给你是我今生最大的耻辱，倒了八辈子的霉才嫁给你。”这些语气明显流露出对婚姻的厌恶之意和对爱人的不满之情，让夫妻中的一方听了怎能不感到寒心呢？夫妻感情很可能由此一落千丈。

幸福美满的婚姻需要以爱做基础，婚姻只有在双方共同呵护下才能更加美好和幸福。倘若不想让爱情毁在自己手中，就不要说疏远、厌恶的话。

（4）过于挑剔的话不要讲

挑剔并不是对对方要求高的表现，而是一种嫌弃与蔑视，容易使对方产生逆反心理。因此夫妻间不可讲一些过于挑剔的话，比如不是这件事做得不好，就是那件事不合心意，总之，无论对方做什么事情都不会得到赞赏。例如，家里来了客人，你辛辛苦苦地做了一桌子菜，客人还没有说什么，爱人却挑剔你这样做得不好，那样做得不对。此时，原本开心的你，也会自觉没趣，认为爱人对你产生了厌烦感，时间长了，势必会影响夫妻间的感情，甚至可能造成家庭破裂，夫妻分道扬镳。夫妻之间只有学会欣赏对方，用豁达大度包容对方的缺点和不足，用赞美的眼光欣赏对方的优点，家庭才能和谐幸福。

（5）贬低的话不能说

夫妻吵架一般很难避免，但有些夫妻在吵架时喜欢说些贬低对方的话，特别是在人多的场合更是如此，以为这样可以杀对方的锐气，可以降服对方。殊不知，这会严重地伤害对方的自尊心。

在与人交往的过程中，只有尊重别人，才能得到别人的尊重。夫妻之间也是如此，你尊重了对方，多看对方的长处，多肯定、夸赞对方才会赢得对方的尊重和爱戴。

两个人走到了一起是一种缘分，要珍惜这份感情，不要等失去对方的时候，才发现自己原来一无所有。当夫妻间产生矛盾或意见不一致、步调不协调时，只要双方以礼相待，多些宽容与尊重，就没有克服不了的困难，也唯有如此，才能使夫妻感情天长地久。

二、父母与子女相处

孩子的心灵非常脆弱，自尊心也很强，做父母的应该意识到这一点。因此，在与孩子相处时，一定要注意相关的礼仪，这样才能缩小与孩子间的距离，融合家庭气氛。

和睦融洽的相处能促进子女成长，增进他们与父母间的感情。身为父母者如果不懂得怎样与子女交流、相处，那么就很难担起教育和培养孩子的责任。

在现实生活中，许多家庭都会出现这种情况：孩子在父母的眼中不够听话、不够乖顺，父子情分淡薄等，父母常常把造成这种情况的原因全部归结到孩子身上。其实，之所以会出现这一结果，很大一部分原因要从父母身上查找，孩子不是家庭生活的附属品，他们也是有思想有自尊的人，要想改善父母与子女间这种紧张的关系，必须以礼相待。

1. 既是父母，又是朋友

为人父母者要想处理好与子女的关系，在巧妙引导的基础上，更要注意培养子女的兴趣爱好。这样既有利于子女的健康成长，又在子女心中树立了一个良好形象。单纯地放任自流，任其发展，就可能使孩子误入歧途。

作为父母，不能总以长辈的身份自居，动不动就摆家长的架子命令孩子，逼迫他们做不愿意做的事情。而应该学着做孩子的朋友，与子女平等交流。严格管教和平等交流，二者并不矛盾，其共同的目的都是为了帮助孩子健康成长。但是，严格管教并不意味着拳脚相向、大声斥责，而是要采取一定的方式方法。平等交流的方式，要比训斥或者拳头更加有效，而且更容易被孩子接受。放弃呵斥和拳脚，不但不会减少孩子对父母的尊重，还会提高父母在孩子心中的地位。

2. 理解为基，激励教育

在与孩子相处时，不应事事都用大人的口吻与他们谈话，要多用小孩子的口吻、语气来与他们交谈，还应不时地给予他们肯定与鼓励，这样孩子才能喜欢与你接近。

当孩子的想法非常荒唐可笑时，千万不能严肃地加以指正或者是批评，应附和着他的想法，慢慢地给予纠正。需要提醒注意的是，纠正过错时，态度不宜过于严肃，否则会拉大与孩子的距离，更容易产生代沟。孩子的思想很单纯，他们充满着好奇心，与他们拉近距离的最佳方式是满足他们的求知欲，无论他们问什么，你都要耐心、细致地回答。孩子们的思维方式、想法会随着年龄的增长而改变。当你意识到这一点时，面对不同年龄段的孩子，就知道如何去做了。

批评与表扬是两种不同的表达方式，用在孩子身上会产生不同的效果。一般情况下，批评会激起孩子的逆反心理，表扬和鼓励则会激发孩子的兴趣和主动性。在与孩子相处的过程中，父母应该多表扬赞美孩子，从而激发他们对某件事的兴趣。孩子得到表扬和鼓励以后，自尊心会得到满足，自信心也会随之增强，做起事来也会感到快乐。

3. 正视问题，共享天伦

许多孩子在做作业的时候，总是喜欢一边看电视一边做作业，遇到这种情况做家长的不必大呼小叫。要知道，这是孩子的天性使然。大多数孩子成绩下降的原因可能与边写作业边看电视有关，但这不一定是主要原因。其根本问题是你不能正确对待孩子的过失。看到孩子犯了错，便拍着桌子斥责孩子，虽然你是一片好心，却可能起到相反的作用。使孩子产生逆反心理，即使表面上服从了你的命令关上电视写作业，但心里可能仍然想着电视节目中的精彩镜头，而且还会对你产生想法，认为你不能理解他（她），从而拉大了双方的距离。

教导孩子的方法很多，如果你微笑着拍拍孩子的肩膀，和颜悦色地告诉他：做事要一心一意，不要学小猫钓鱼，三心二意是做不好事情的。即使再顽皮的孩子，听了这些也会开心接受的。你的教导可以让孩子明白：你是真的关心他、为他好。所以，他不会产生逆反心理，也不会与你对抗，而是心悦诚服地听从你的建议，发自内心地感激你的教育之情，从而对你倍加信任。当孩子的考试成绩不理想时，与其大加指责还不如耐心地帮助他（她）分析原因，假如你不分青红皂白地批评孩子，结果只能使孩子更加讨厌学习，对你的教训也只当是耳边风，积极作用没有起到，反而容易产生消极的抵抗思想。

如果能像一个朋友那样，用正确的态度对待孩子的过失，积极地鼓励他继续努力，则不失为一个好的方法。

人在心情好的时候最容易与他人接近，即使是两个陌生人，在快乐的交谈之后，也可以建立起比较贴近的关系。其实这个道理也可以用在与子女相处上。很多家长习惯用威严训斥的方式教育子女，而不曾想与子女共享快乐时光。人是有感情的，不管是大人还是孩子，威严训斥只能让人反感，而在快乐中交流才是最容易让人接受的。俗话说“磨刀不误砍柴工”，快乐的共享天伦，对孩子的成长和学习都有益。

如果在最近一段时期内，你发觉与孩子疏远了，在与你交谈时，他也是以一种应付的态度敷衍了事，这时候父母不能一味地责怪孩子，而应该制造一些愉悦的气氛，在孩子高兴的时候了解他的想法，再进行顺畅的交流。

4. 民主和谐，家政独立

家长教育子女最忌讳的就是不分场合，特别是在欢聚的时候不适合教育孩子。也许有些父母是怕孩子玩得忘乎所以，但这却忽略了孩子的感受，在最开心的时候遭到训斥，是一件令人沮丧的事。这不但会影响父母在孩子心目中的形象，还可能使孩子对你产生看法，从而与你保持距离。

与孩子相处时，一定要注重礼仪，虽然你是长辈、家长，也要讲究礼节，尽量做到理解尊重孩子，让他们感受到父母的爱，愿意与父母成为无话不谈的好朋友。

当子女结婚后，他们已经是独立于社会了。这时父母长辈也要做一个合适的角色转变。不管生活在一起或者不在一起，长辈都要引领并创造和谐民主的家庭氛围。不要“教育”太多，管束过多。和晚辈说话时，语言要和气，要互相尊重，互相谦让，这是和睦相处的重要条件。

另外，父母也不要干涉晚辈们的家政。有的父母，逢年过节便把子女叫到身边，以大鱼大肉款待，可子女对此并不一定感到高兴。因为子女都有自己的家，有自己的事，有自己的朋友等。到了父母家，虽然吃得好，又不操心，但是他的行动自由受到了限制，使他没办法进行一些社会活动。还有的家长借此机会，听政、参政、训政，使晚辈们不好回答或无法回答，也让人难以接受。

当晚辈家庭发生矛盾时，长辈要劝解但不介入，或当着儿媳妇的面训斥儿子，当着女婿的面教育女儿。但最好的方法是莫管儿子、女儿家内事，这也是处理好长幼关系的又一个礼仪要求。

三、兄弟姐妹相处

融洽的家庭气氛需要全家人共同努力营造，其中，兄弟姐妹能否融洽相处起着重要作用。如果兄弟姐妹之间经常起纷争，矛盾不断，就不会有融洽的家庭气氛。相反，如果兄弟姐妹能相互体贴、关心、相互帮助，产生矛盾时不争吵，互谅互让，这样的家庭必然幸福和睦。当兄弟姐妹在一起生活的时候，处处顾及到礼仪并不是一件容易做到的事，虽然不能在每件小事的处理上都把礼仪摆在前头，但是在大的方面确实应引起注意。

1. 相互礼让，和睦相处

假如你是哥哥或姐姐，那么就应时时以身作则，尽量照顾好弟弟妹妹，努力成为父母的得力助手。兄弟姐妹间发生矛盾时，做哥哥或姐姐的应本着宽宏大量，不与弟弟妹妹斤斤计较的原则，认真处理矛盾。哥哥姐姐不能倚仗自己年长，动不动就指使弟弟妹妹干活。弟弟妹妹有错时，也不要当着父母或旁人的面，指责他们，否则会伤他们的自尊心；更不能经常在父母面前“告状”，从而引起他们的反感。

假如你是弟弟妹妹，要知道尊敬哥哥姐姐是应该的，并且有利于自身成长。这样做可以使家庭关系和睦融洽，家庭成员也因此各受其益。也不要因自己年纪小就自认为拥有某些优越条件，更不能骄横无理，做什么事都不把哥哥姐姐放在眼里，为所欲为。与兄姐发生争执时，不要到父母面前告状，这不利于兄弟姐妹和谐相处。

兄弟姊妹间的和睦礼让，友好相处，不但对处理家庭生活琐事有很大的帮助，对融洽家庭气氛也至关重要。

2. 关心体谅，相互尊重

兄弟姐妹之间要相互体谅。由于年龄不同，性格各异，相处起来都能达到完全和谐一致不太可能。但是家人、亲戚间的往来是必不可少的，这就需要多方体谅，这样做的好处很多，既能满足家庭生活的需要，避免与化解一些不必要的矛盾，融洽家庭气氛；又能使人在失意的时候振作起来，快乐倍增；还能教人如何与别人相处，掌握待人处事的重要原则。

在家庭生活中，要学会关心他人。兄弟姐妹交往时要诚恳热情，相互关心，当兄弟姐妹受到奖励或者有考学、过生日等值得庆祝的事时，应适时送上一张贺卡或小礼物以示祝贺。当他们遇到某些麻烦或不幸时，应及时向其伸出援助之手，帮助他们摆脱困境，千万不能不闻不问、不理不睬，更不能落井下石。当他们生病时，可以发一个短信或送一束鲜花表示慰问等。虽然这些看似都是小事，但它的影响是巨大的。

第二节 邻里相处

学习目标

◆掌握邻里相处规范和禁忌。

◆能够处理好相邻关系。

“室内现代化，室外脏乱差；与己无关事，红灯高高挂；楼上挨楼下，不知谁姓啥；啥事没来往，见面不说话”，成了现在很多邻里关系的写照。但我们有句俗话，“远亲不如近邻”，这也恰恰说明了处好邻里关系的重要性。在家庭间的各种交往中，接触最频繁的就是邻里了。从主观来说，绝大多数人都想搞好邻里关系，但客观上不知怎么搞好邻里关系以及搞不好邻里关系的却为数不少。

一、邻里相处原则

不管是城市或者农村，邻居都是离我们最近的人。但不论你和邻居关系多么亲近，邻里交往还要遵守一定的原则。

1. 互助原则

俗话说，远亲不如近邻，近邻不如对门。在处理邻里关系时，只要发现和知道邻居有困难了，就应主动询问并提供力所能及的帮助，被帮助的邻居定会感激不尽。有朝一日，一旦你遇到困难了，邻居也会鼎力相助。

2. 沟通原则

邻居之间多数是因为曾经闹过矛盾，从此井水不犯河水，或是因为工作忙、性格内向、家务事多，而导致邻里之间交往沟通很少。因此，若想避免许多误会，保持良好的邻里关系，就要加强邻里之间的交往和沟通，尽可能多地了解对方。但交往并不是说串门越多越好，沟通可以有多种方式来实现。现代社会中人们的生活节奏正在加快，邻居可能很忙，在交往中，应注意不要打扰对方正常的生活秩序。

3. 协商原则

协商，也是邻里间交往的基本方式之一，既表示尊重邻居，又能避免发生矛盾。如果家里有些事情可能影响到邻居，那么在做之前就应该主动找邻居商量，看邻居有什么意见，或有什么更好的解决办法。

二、邻里相处之道

1. 邻里相处基本规范

与邻里相处，要讲究的比较多，但最基本的有以下几点：

（1）使用正确的称呼

一般情况是用自己的父母作辈分或年龄比较。比自己父母辈分大的称爷爷、奶奶，与父母同辈但比父母年龄大的称伯父、伯母，比父母年龄小的称叔叔、阿姨。

（2）打招呼要礼貌

邻居往往都是低头不见抬头见的，见了面就应该热情礼貌地打个招呼。如“您早!”“您好!”“您忙呢?”也可使用点头或招手礼。但是不要见面视而不见，或干脆装作不认识。

（3）主动提供帮助

在楼道里或窄小的地方遇到长辈，要主动让路，请长者先走。遇到老人上下楼梯，应上前搀扶。看到邻居提、搬重物，要主动让路，不能抢上抢下或挤上挤下，还应主动询问是否需要帮助。

（4）借用邻居的东西时要有礼貌

可先轻轻敲门，等主人开门后用请求、商量的口气说明来意，归还时要表示谢意。另外，要注意用双手接、递所用的东西。借邻居家的东西要小心使用，格外爱惜，不要弄坏弄丢。如果损坏要主动赔偿，并赔礼道歉，如果主人不要求赔偿，除了当面赔礼、道歉外，最好以别的方式弥补人家的损失。借用的东西使用完之后应立即送还，不要忘记归还，更不能等邻居来要。如需延长借用的时间，应向邻居说明，经同意后再继续使用。对一般贵重的东西，最好不要去借，别人来向你借时，也不要自作主张转借出去，而须向物主告知。

2. 邻里相处禁忌

在邻里的交际中，要宽以待人，严于律己，不要做损害他人利益的事。引起邻里间闹矛盾的往往是一些小事。当事双方毫不相让、针锋相对时，矛盾就会升级。邻里之间常见面，来友送客、吵架、欢笑，邻居都会有所耳闻。有些人爱看热闹，谁家有了什么事，他们就添油加醋地传播，还有些邻居会把别人家的事情传来传去。这样一来，就会闹得邻里之间矛盾重重。要避免这种现象，就不要给搬弄是非者机会，自己也不去打听邻居家的私事。如有恶意中伤、毁人名誉的言行，应严肃制止、批评教育，严重的可诉诸法律。

思 考 题

1. 夫妻相处的规范与禁忌有哪些?
2. 邻里交往要遵循的原则有哪些?
3. 邻里相处的基本规范有哪些?